Tom Holzapfel alias Tom de Toys

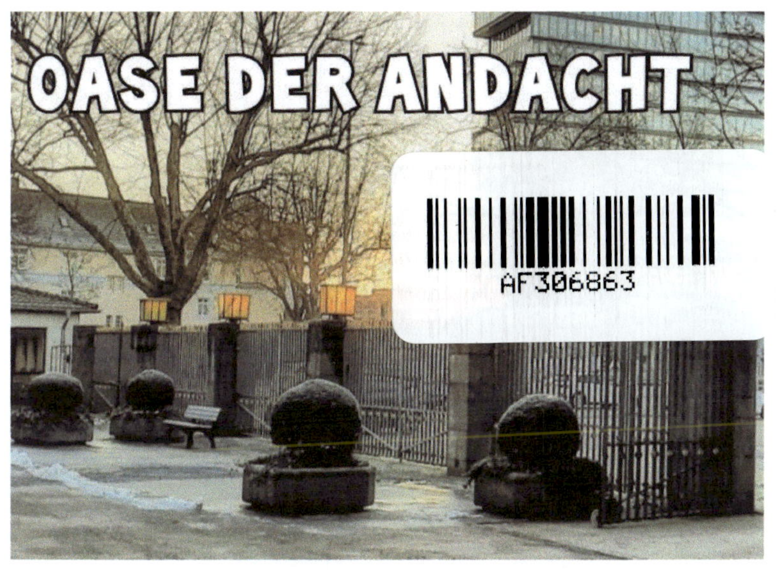

T E I L   3

Der Düsseldorfer Nordfriedhof
nach 141 Jahren: 58 ausgewählte
Fotos des Trauerchauffeurs 2025
in Gedenken des 80.Jahrestages
der AKTION RHEINLAND (16.April)

Hrsg. G&GN-INSTITUT 2025

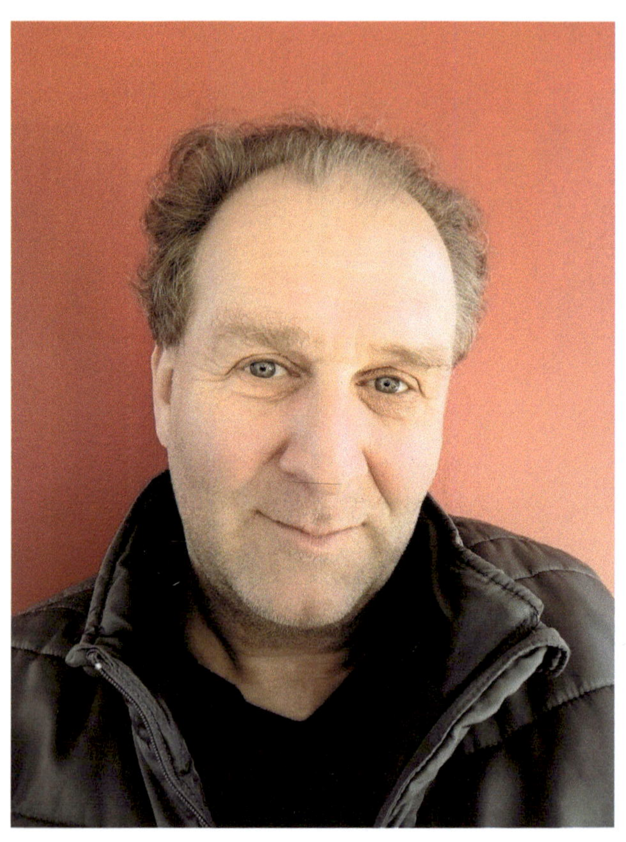

DER TRAUERCHAUFFEUR 2025
@ www.FRIEDHOFSFAHRER.de
& T R A U E R T A X I . de

ISBN: 978-3-8192-7773-3
OASE DER ANDACHT, TEIL 3
ORIGINALAUSGABE 21. Mai 2025
© POEMiE™ @ G&GN-INSTITUT (G-GN.de)
Verlag: BoD · Books on Demand GmbH,
Überseering 33, 22297 Hamburg,
bod@bod.de
Druck: Libri Plureos GmbH,
Friedensallee 273, 22763 Hamburg

Tom Holzapfel aka Tom de Toys, geb. 24.1.1968 in Jülich, Künstlerpseudonym seit 1985. Entwickelte 1989 aufgrund seiner LOCHISMUS-Erfahrung die antimetaphorisch-direkte *"NEUROPOESIE"*, gründete 1990 das G&GN-Institut (G-GN.de), entdeckte zur Repolitisierung echter Liebeslyrik gegen den germanistischen Etikettenschwindel 1994 die *"Erweiterte Sachlichkeit"* (Liebe2go.de), gewann 2000 den 1.Nahbellpreis und erfand 2001 die *Quantenlyrik*. Seit 2015 Anhänger von Nullyoga. 2019 erfolgte die Reaktivierung seiner Nondualjazz-Musikreform *"Das desinteressierte Klavier"* von 1986. Arbeitet seit Juli 2023 als Chauffeur für Trauergäste auf dem Düsseldorfer Nordfriedhof.

Das G&GN-INSTITUT ("Institut für Ganz & GarNix") wurde 1990 in Köln-Efferen gegründet und dient dem Maler, Nondualjazz-Pianist, Performer, Fotograf, Herausgeber, Rezitator, Redakteur, Kurator, Eventmanager und Neuropoet De Toys zur neurosoziologischen Erforschung der Möglichkeiten kultureller Mittel, den zivilisatorischen Prozess der Menschheit nachhaltig zu beeinflussen, ohne von institutionalisierter Förderung abhängig zu sein: G-GN.de

WEITERFÜHRENDE WEBSITES:

www.fotomie.de
www.offszene.de
www.exillyrik.de
www.nondualjazz.de
www.arbeitsdichte.de
www.markenfreiheit.de

*"Unmöglich, die viel zu individuellen
namen der straßen am REESER PLATZ einfach
auswendig zu lernen! (...) Der golzheimer
planquadrat 5279 reißt mich in einen
schlund aus geschichtlichen ereignissen,
als ich mich frage, warum LEO STATZ &
FRANZ JÜRGENS hier wieder auftauchen,
als straßen, während sie am polizei-
präsidium plätze sind. Und da offenbart
sich mir das informationslabyrinth der
widerstandskämpfer im dritten reich!
(...) AKTION RHEINLAND: Der architekt
aloys odenthal und karl august wiedenhofen erzielten die kampflose übergabe
der bereits zu 90% zerstörten front-
stadt am 17.4.1945, so daß franz jürgens
NICHT UMSONST von hitlers standgericht
erschossen wurde! Ansonsten hätten
800 bomber die trümmer der stadt
nochmal im ultimativen luftangriff
pulverisiert und es hätte
NOCH MEHR TOTE gegeben!"*

**Freiherr von Freifahren, 10.1.2013:
WIDERSTANDSKÄMPFER AM REESER PLATZ
(RU[H]R RÄTSEL, 17.Freifahren-Kapitel:
VERTEILT & VEREWIGT) @ NAHZONE.de**

*"Nicht nur das Ego war eine psychotische Ein-
bildung, sondern auch die Ichlosigkeit als
Bewusstseinszustand einer Person sowie all
die Vorstellungen von Erleuchtung. Die Logik
besteht in der Tatsache, dass RESTLOS ALLE
Hoffnungen auf irgendein Ziel mit dem Ego
verpuffen, das diese Vorstellungen inklusive
seiner selbst hatte. Ichlosigkeit ist KEIN
ZUSTAND einer befreiten Person – es gibt
keine befreite Person, nur die Freiheit
von der Person mitsamt ihrer Vorstellungen.
(...) Das Ich ist sich selber am Ende des
Scheinprozesses keine Frage mehr, sondern
ein abstrakter Avatar, artifizielles Synonym
für das Ganze, das mit sich selber redet:
in sich unendlich, wesenlos, leer, nicht-
seiend. Das identische Sein kann alles sein,
was sich aus seiner Selbstwahrnehmung in
Form aller sinnlichen Spielereien ergibt.
Es ist nondual, weil es NICHTS ANDERES
gibt, keine Grenzen nach außen (in eine
Transzendenz hinein) und keine Grenzen
nach innen (hin zu einem Wesenskern),
sondern nur das, wie es immerzu
jetzt automatisch passiert."*

**Liga der Leeren, 2024:
IDENTISCH SEIN (ALS WAS ES IST)
@ URRUHE.de & NULLYOGA.de**

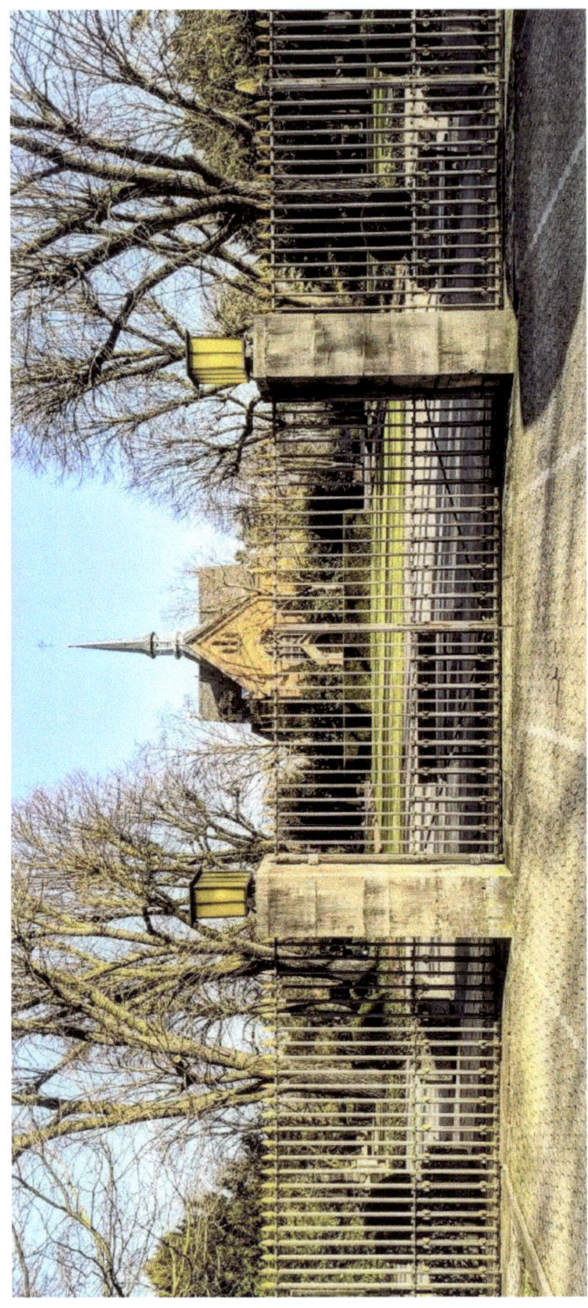

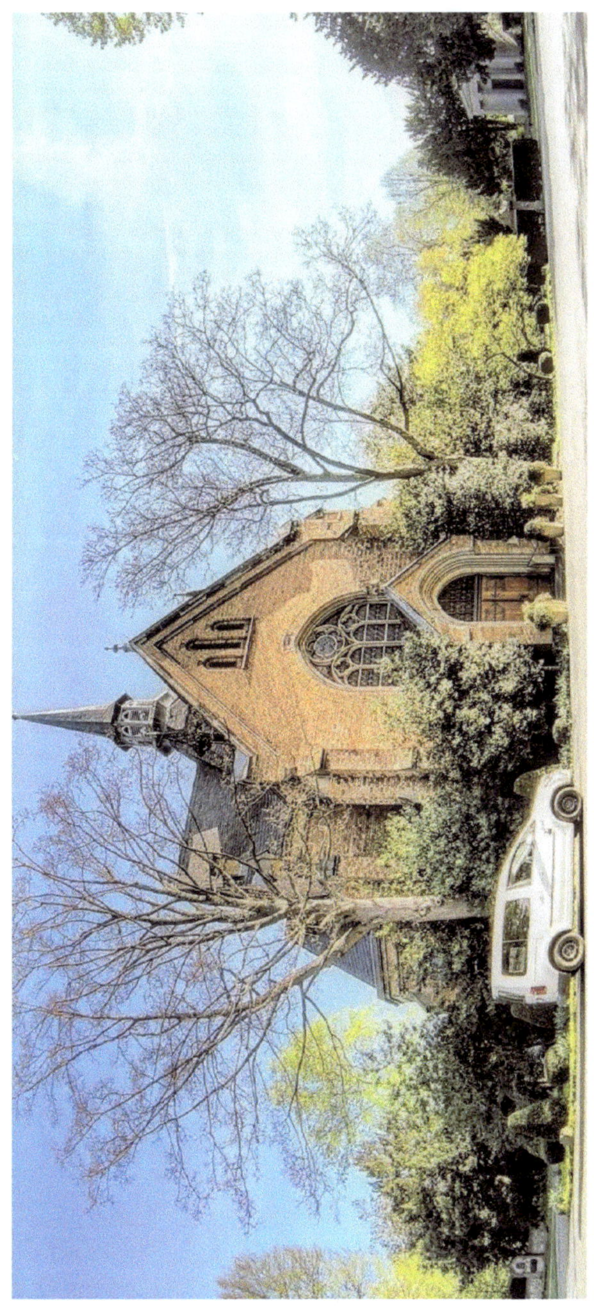

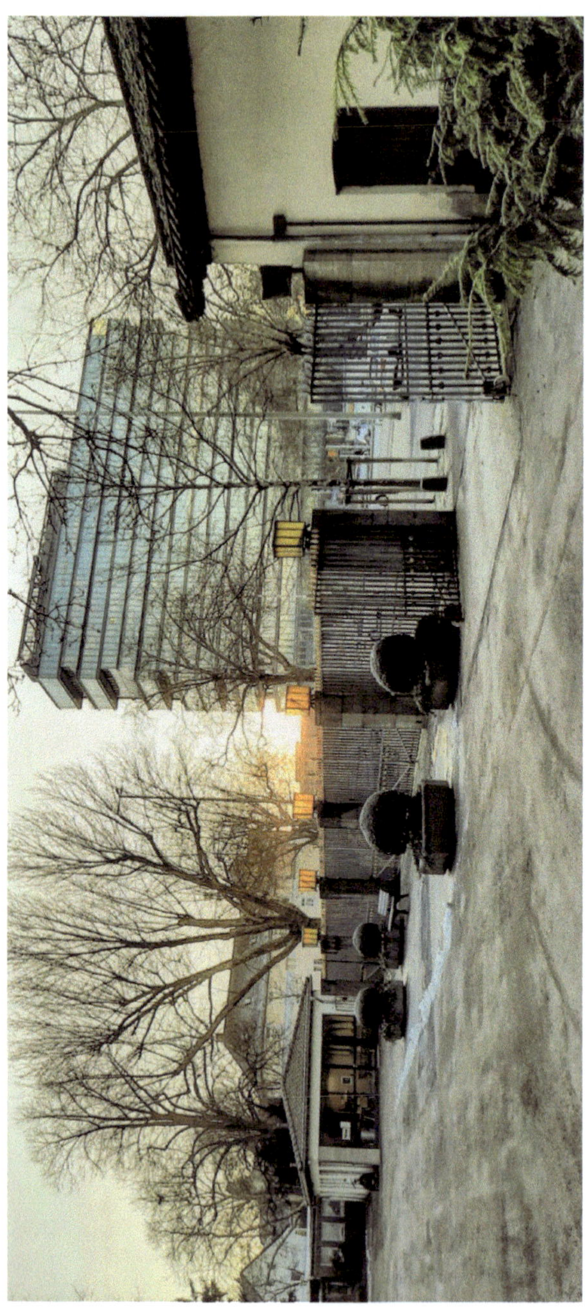

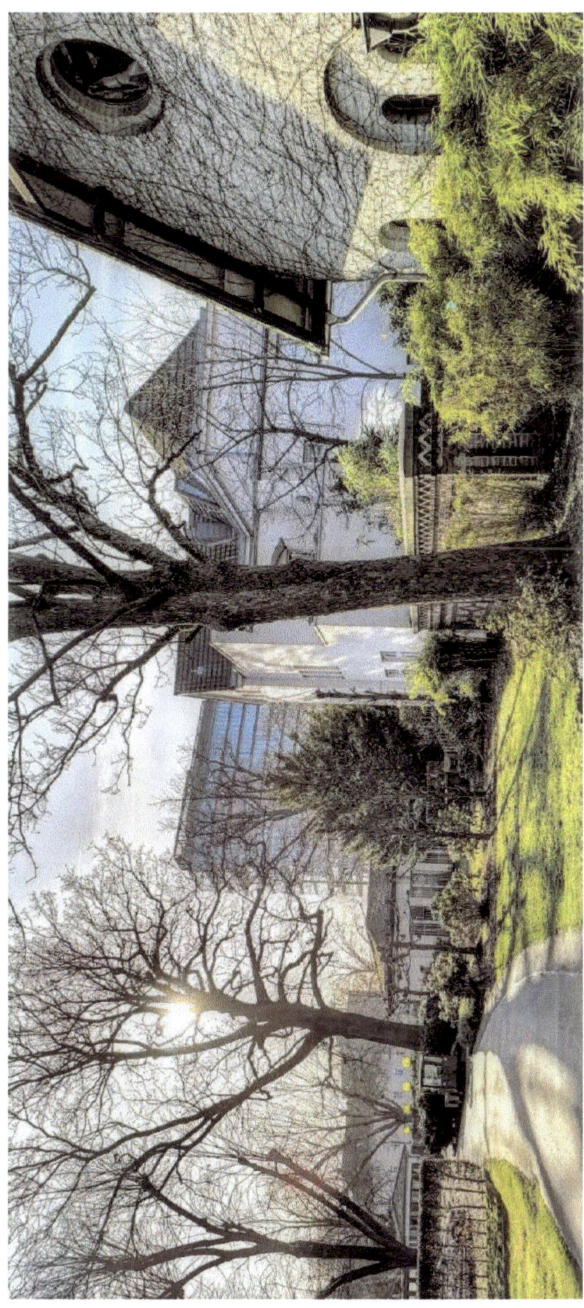

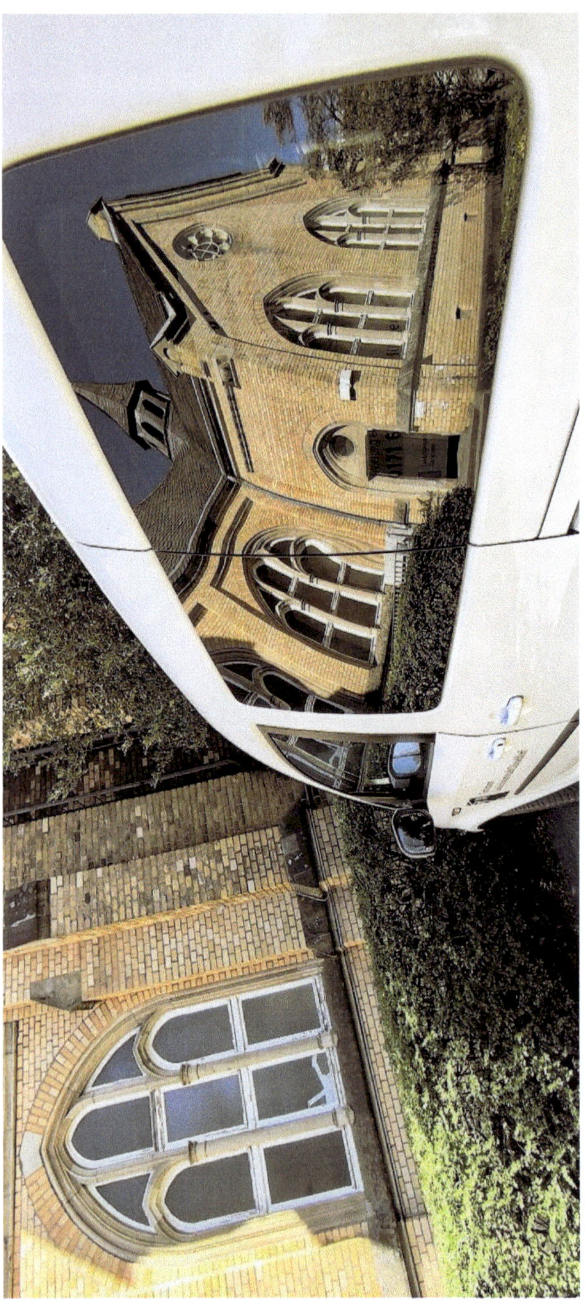

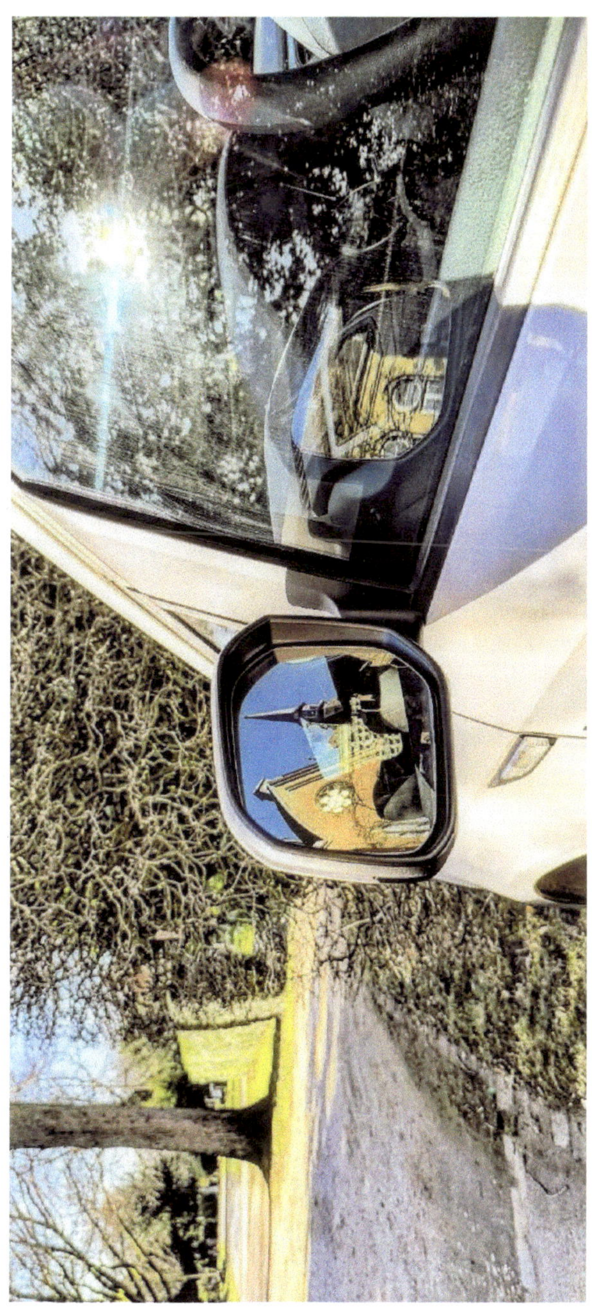

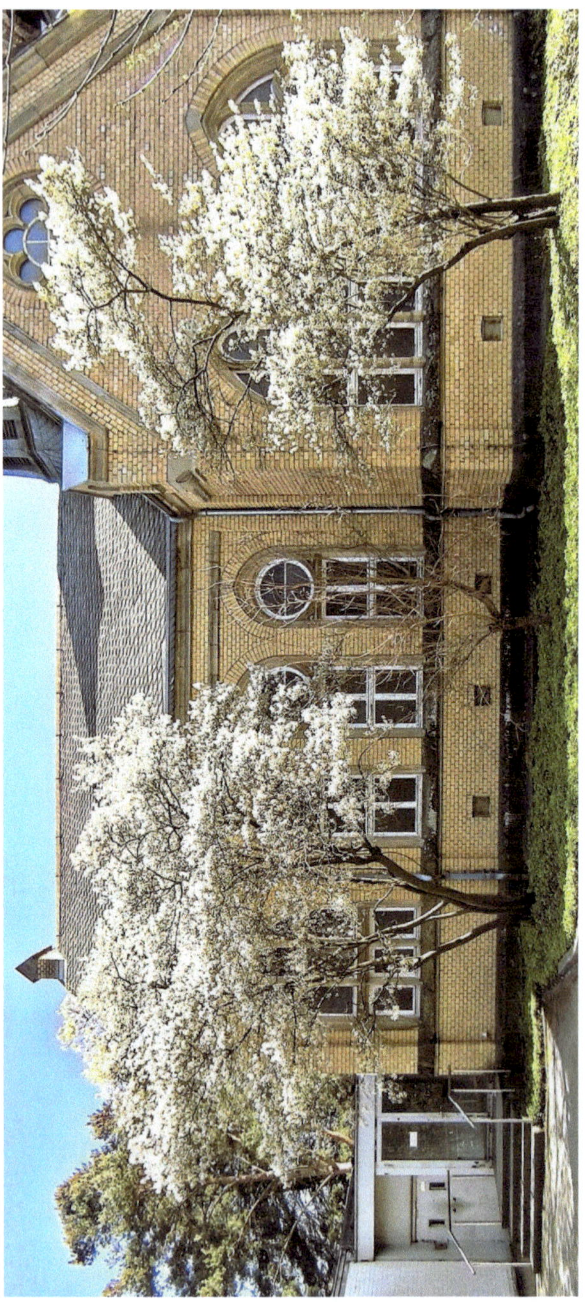

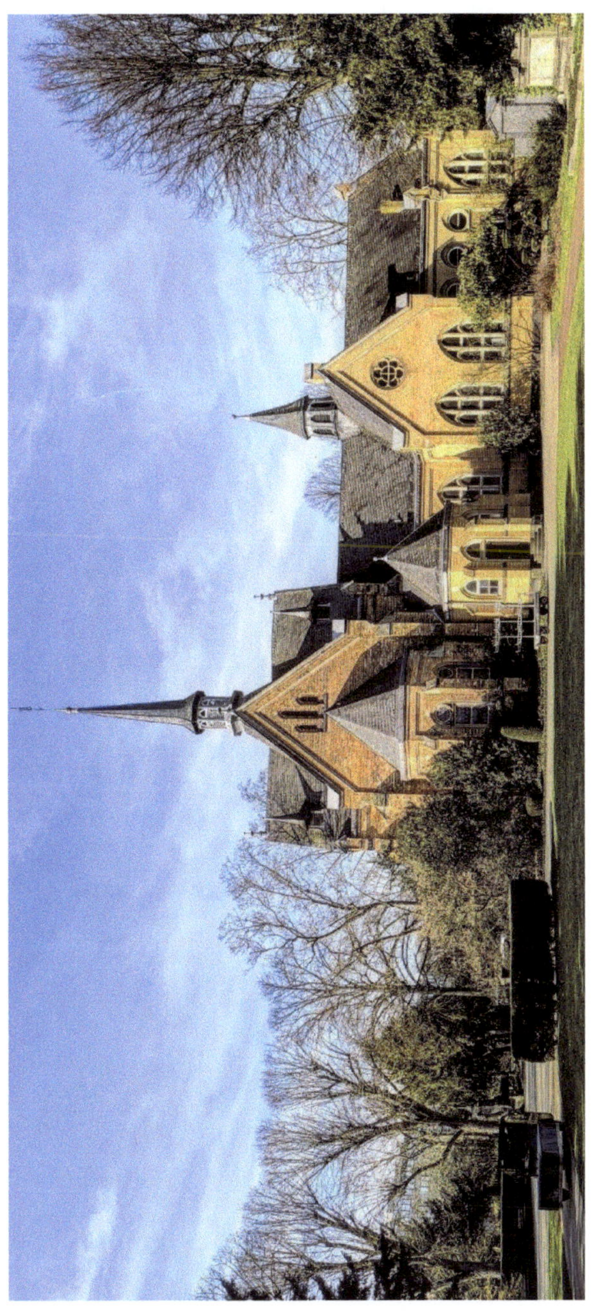

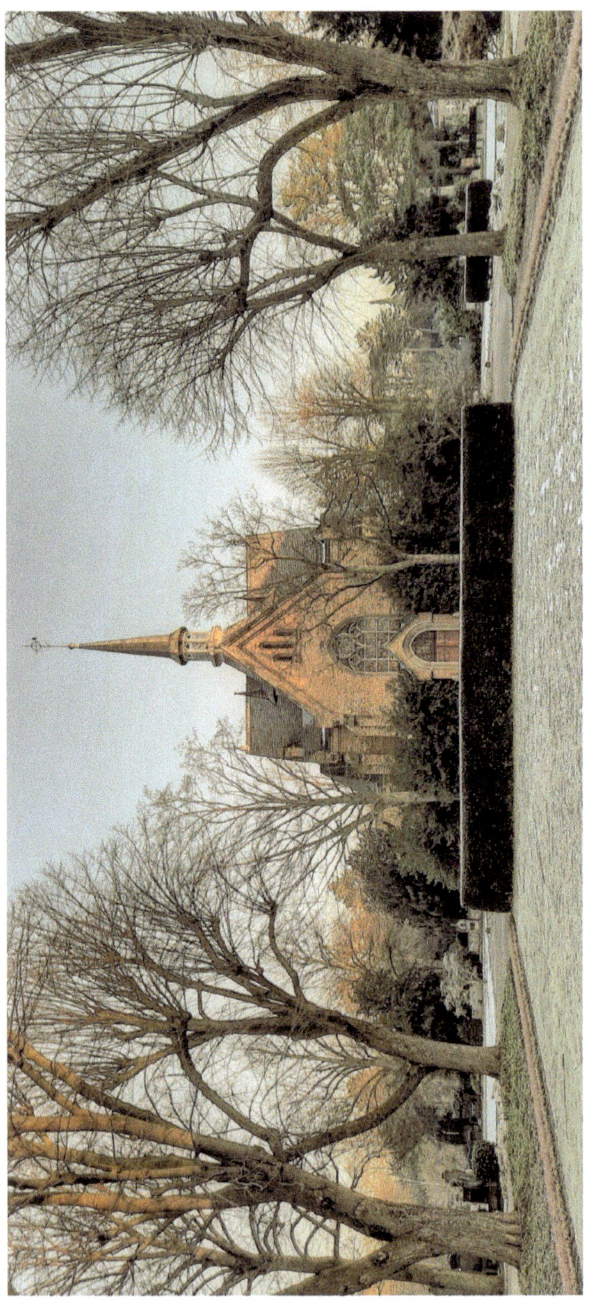

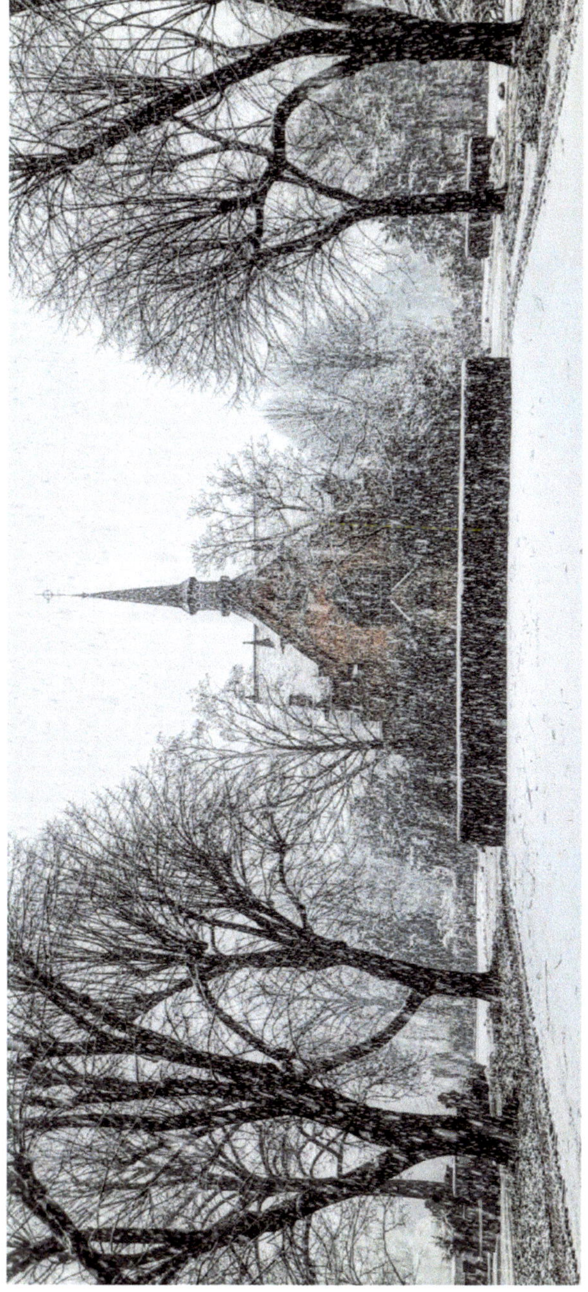

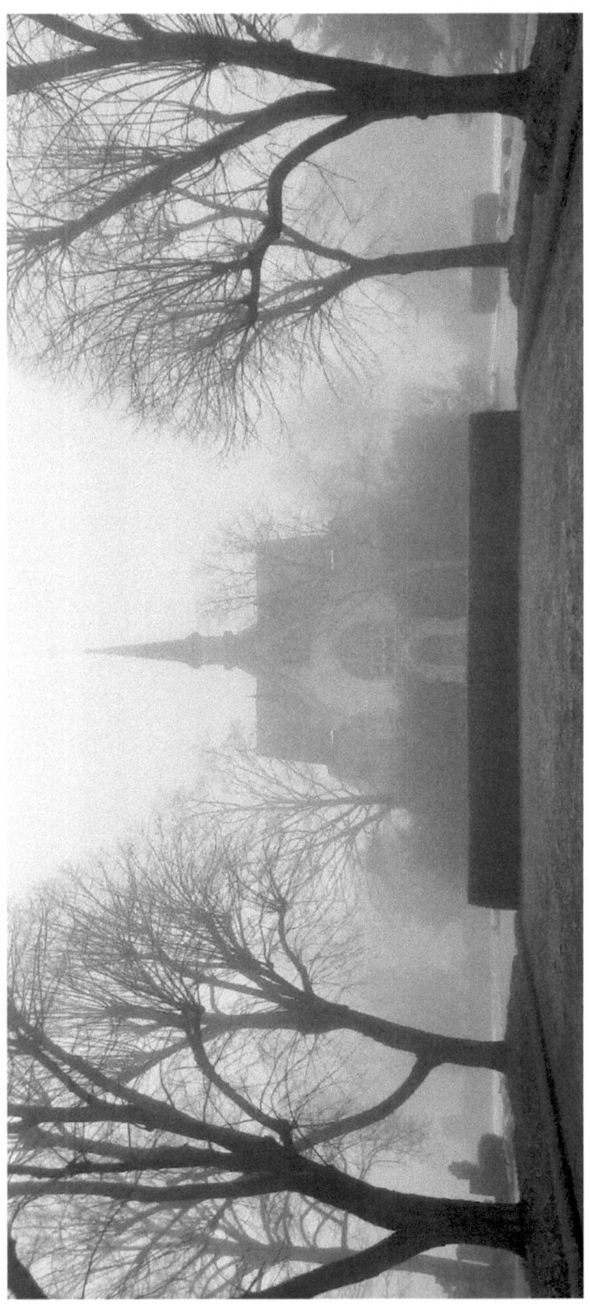

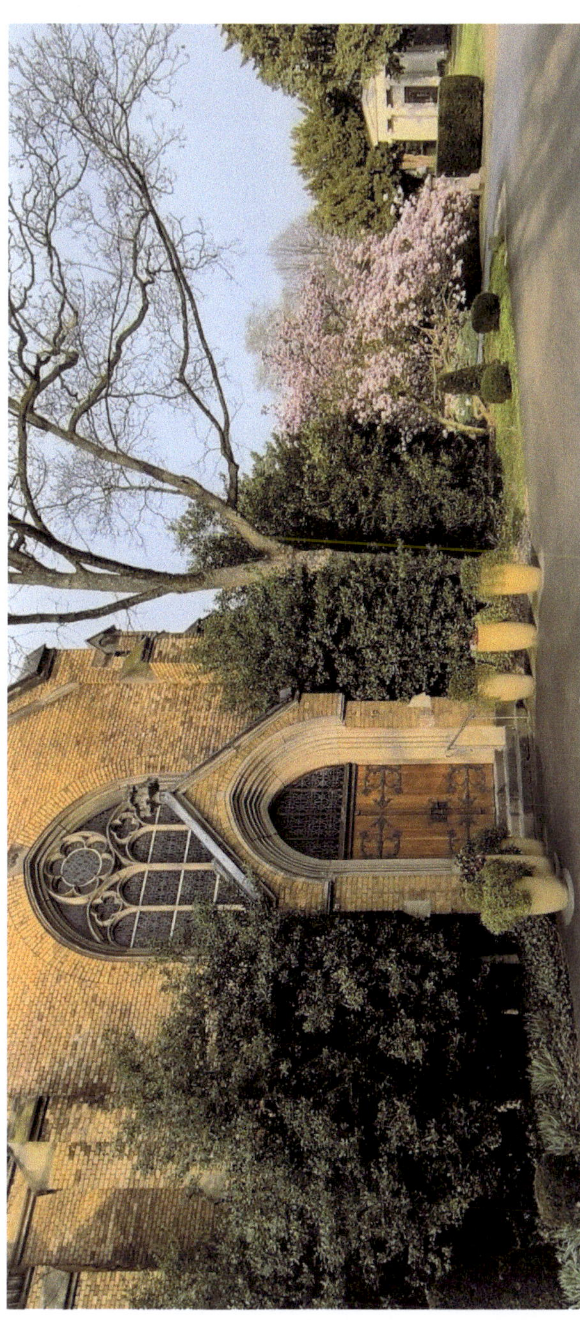

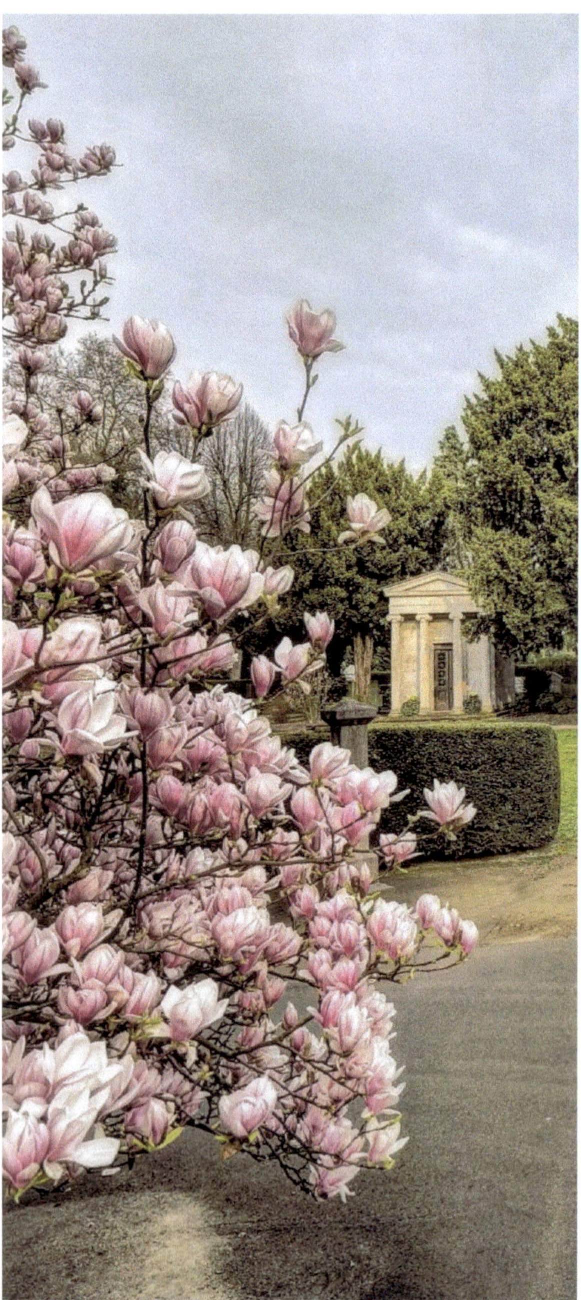

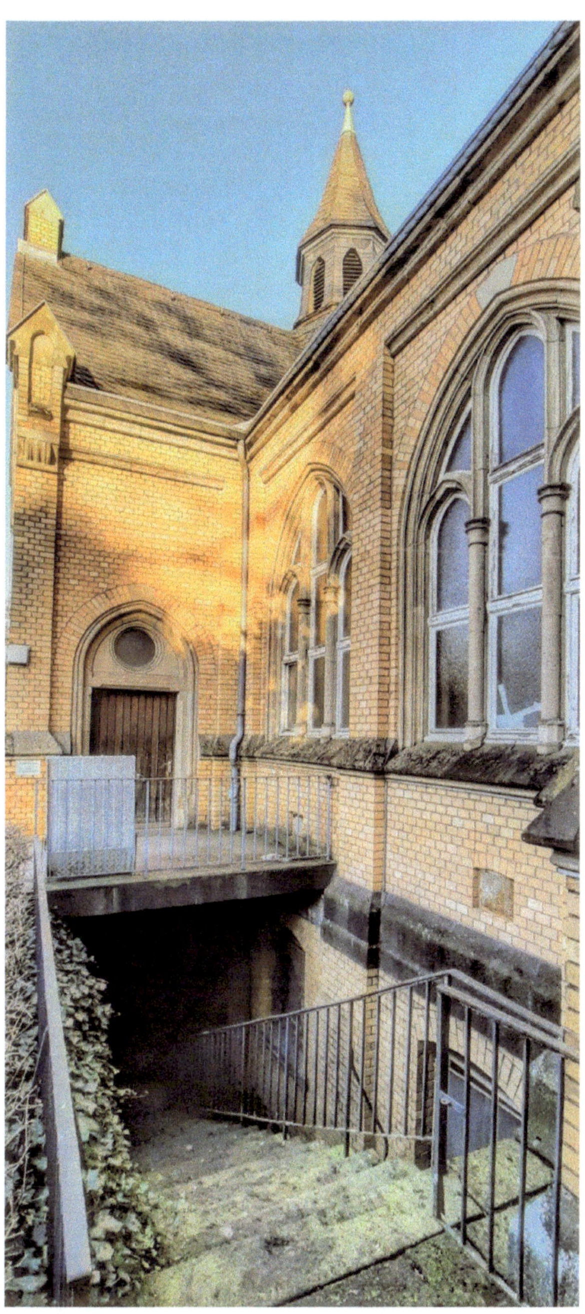

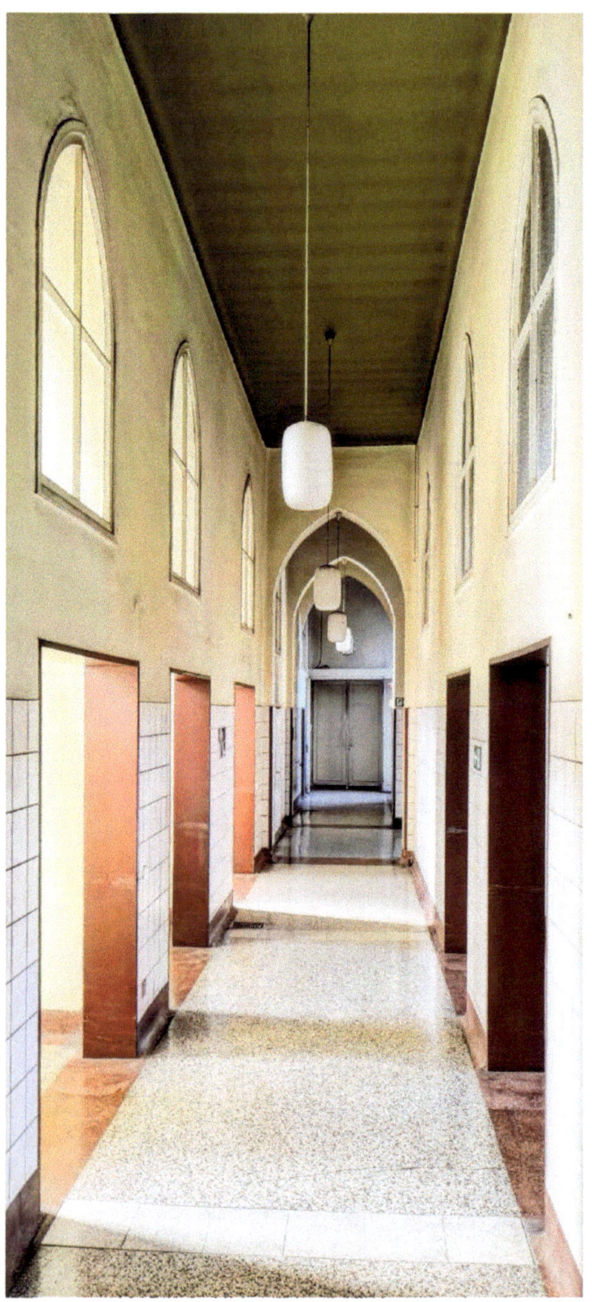

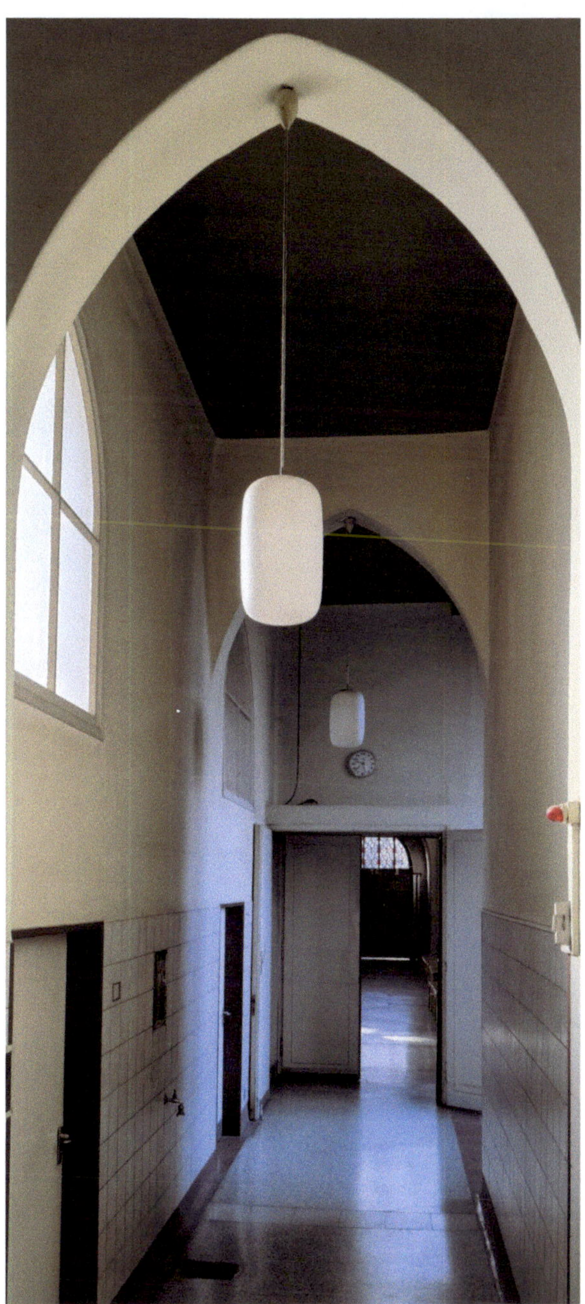

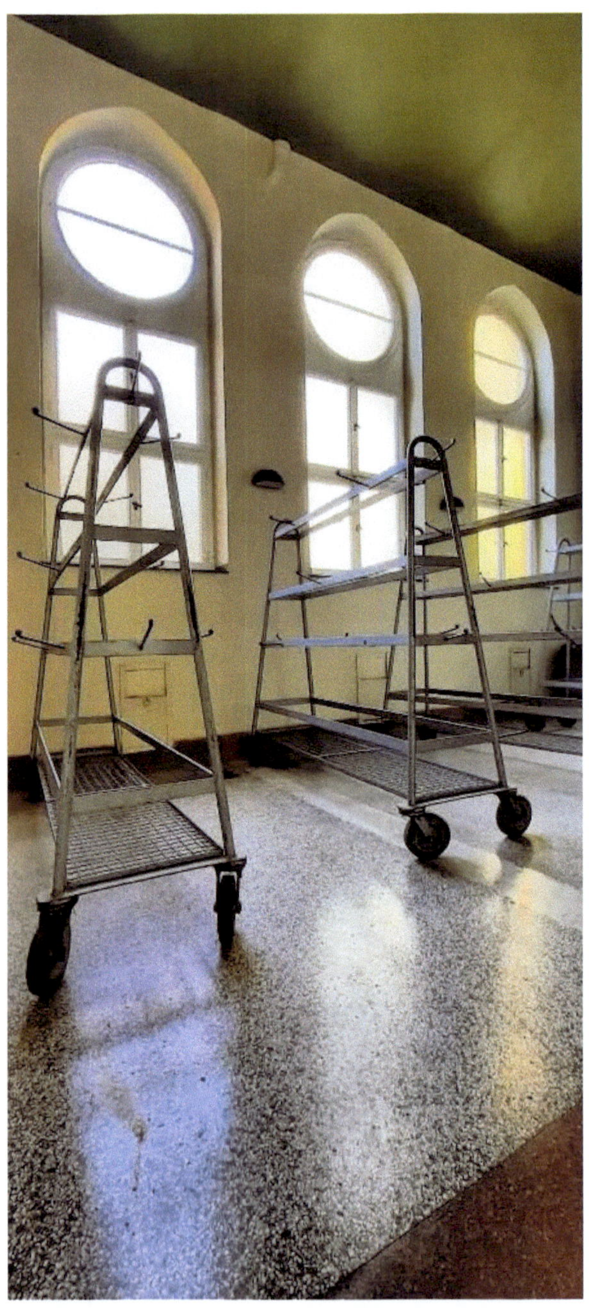

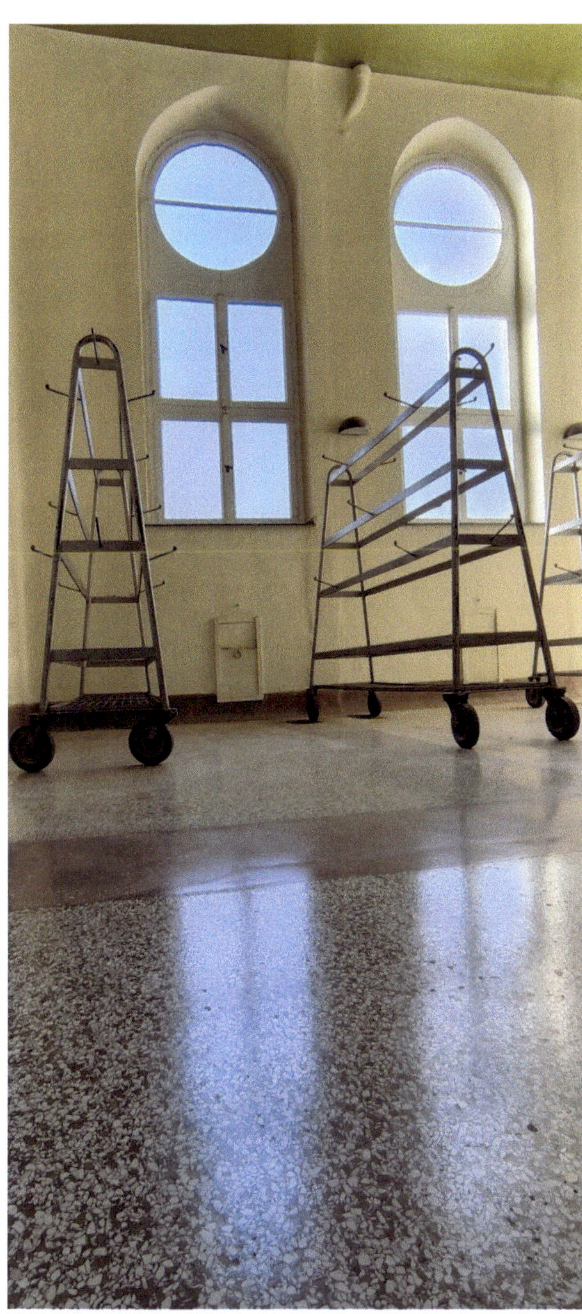

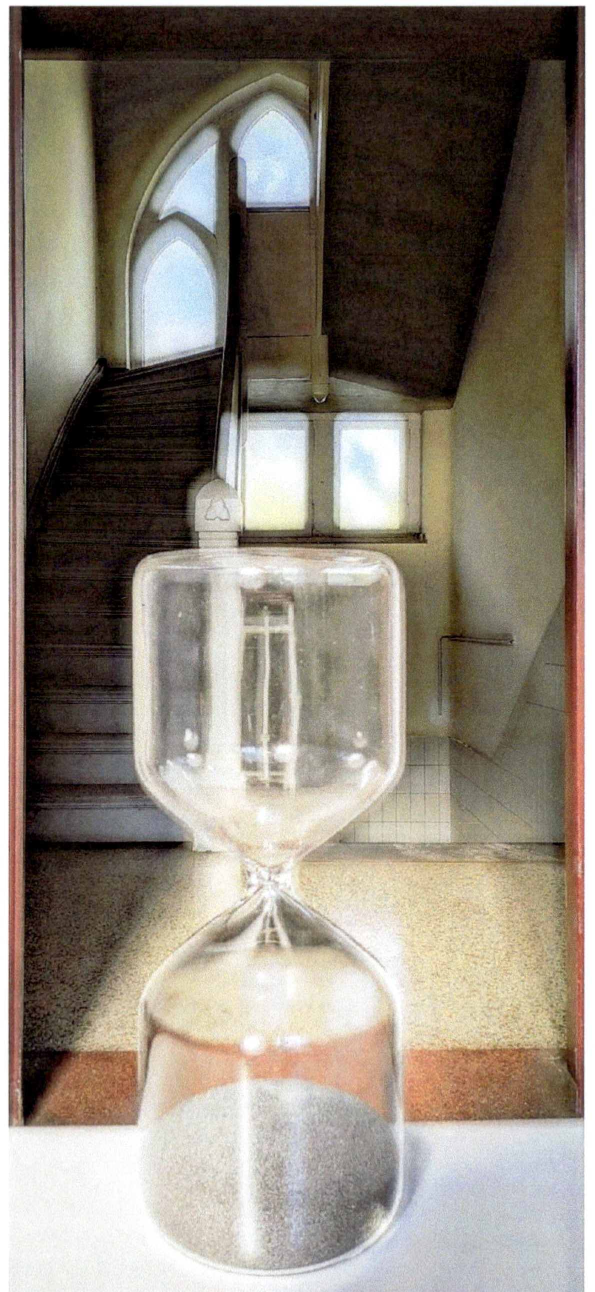

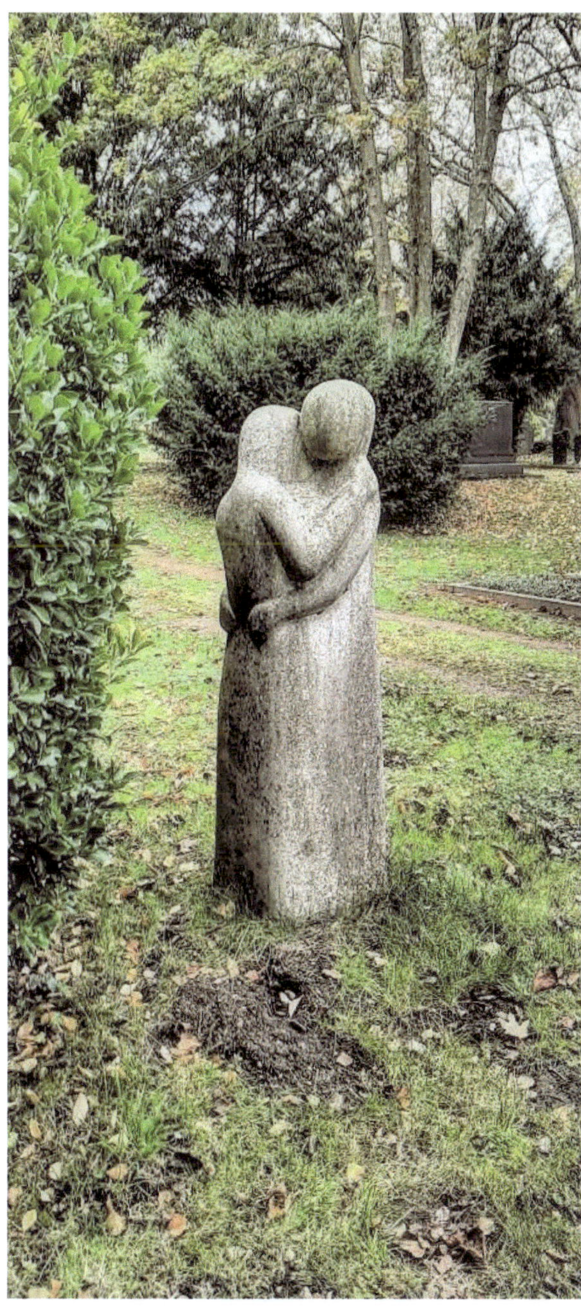

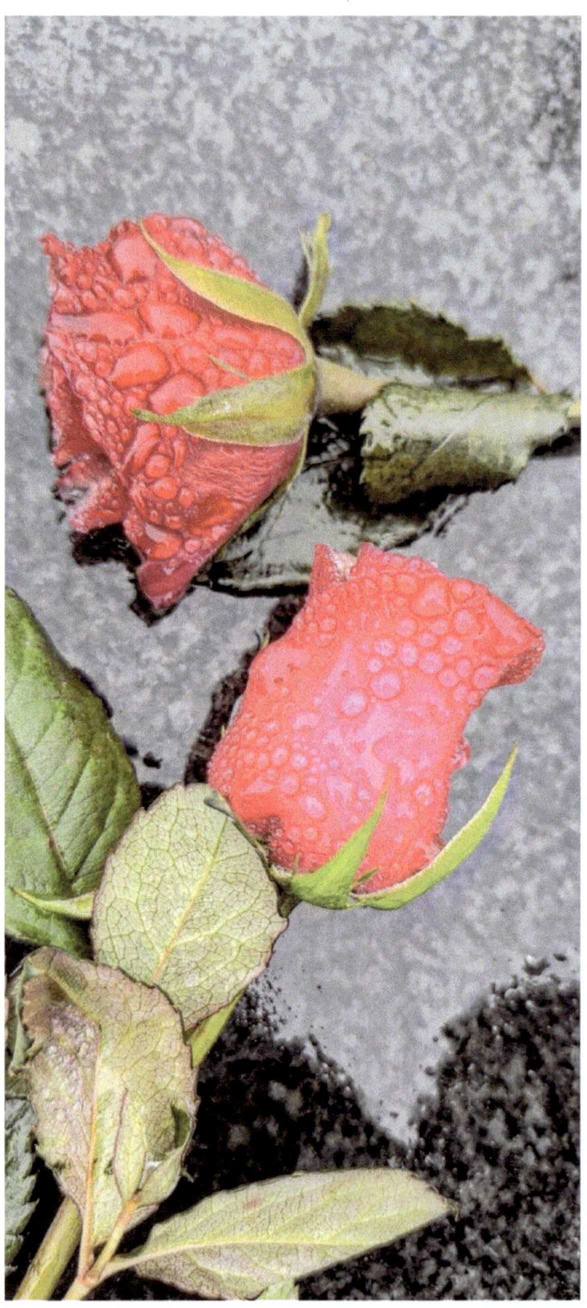

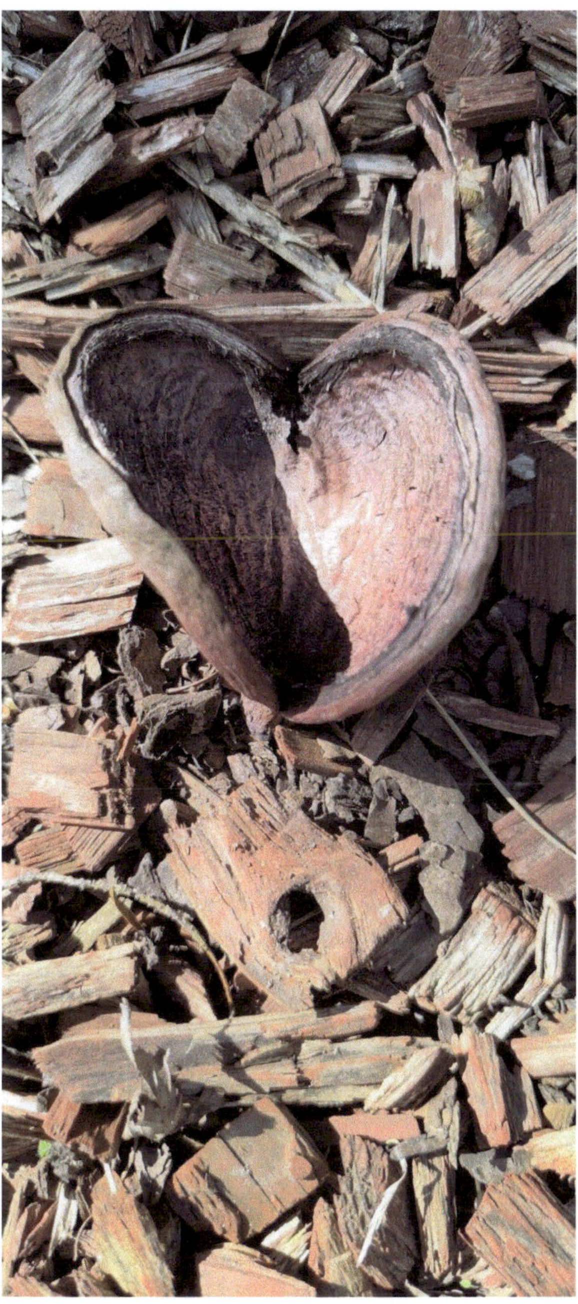

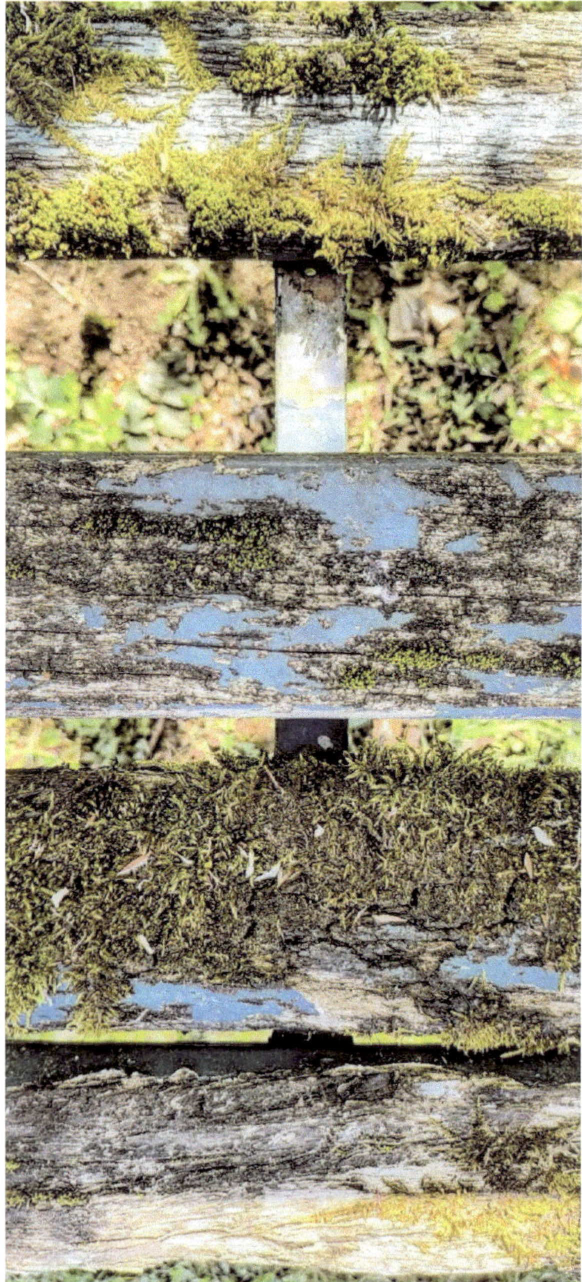

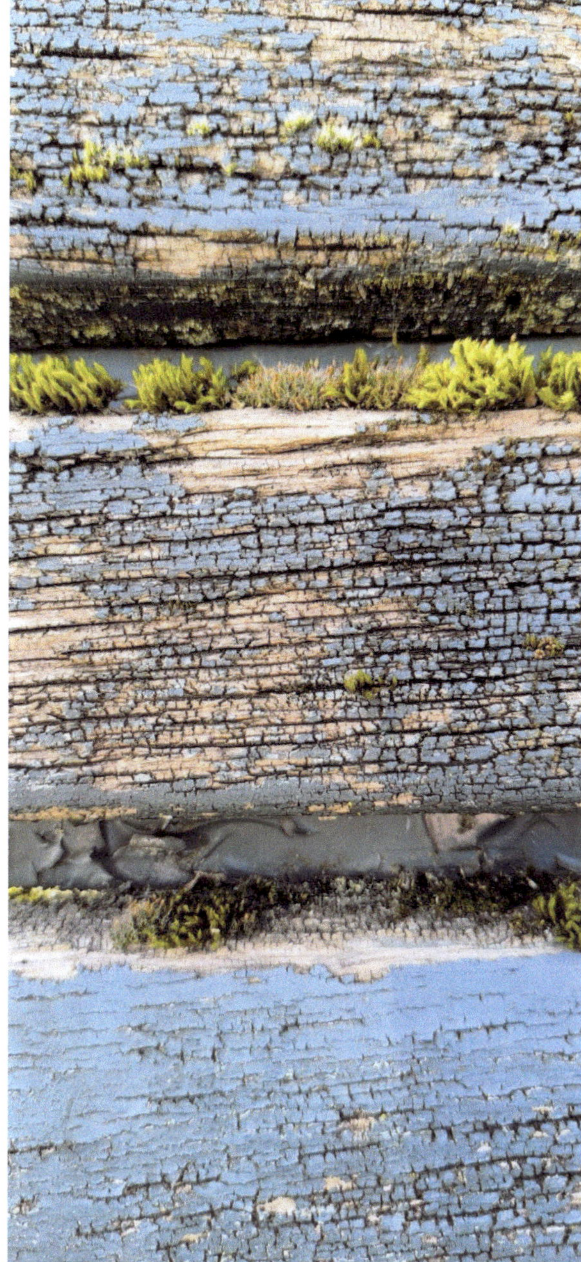

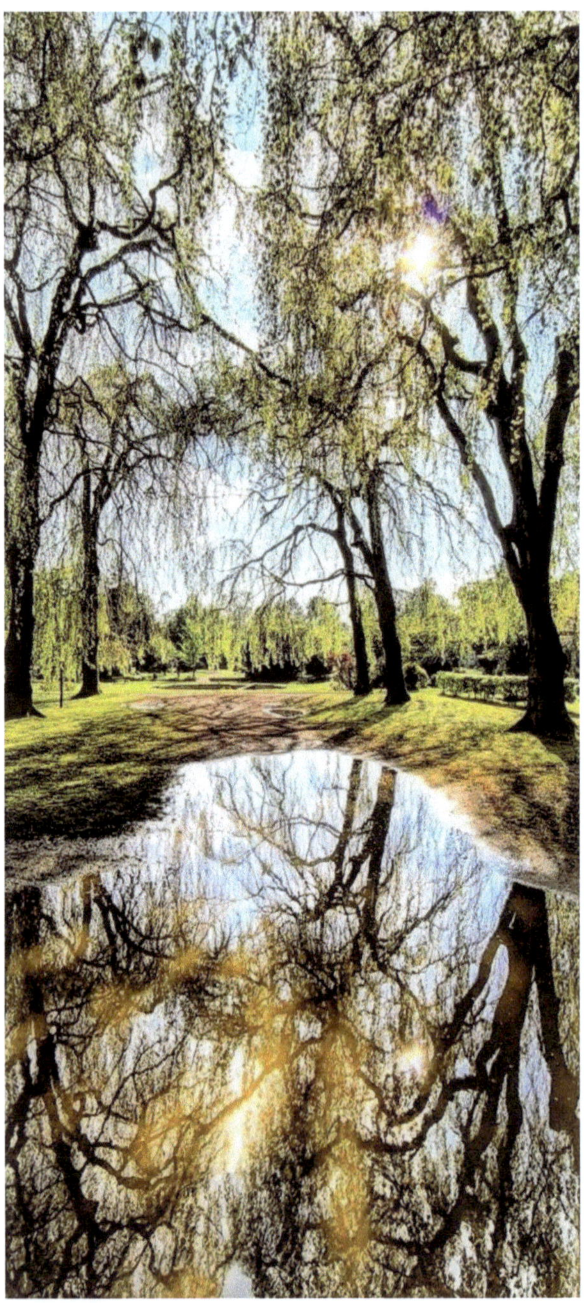

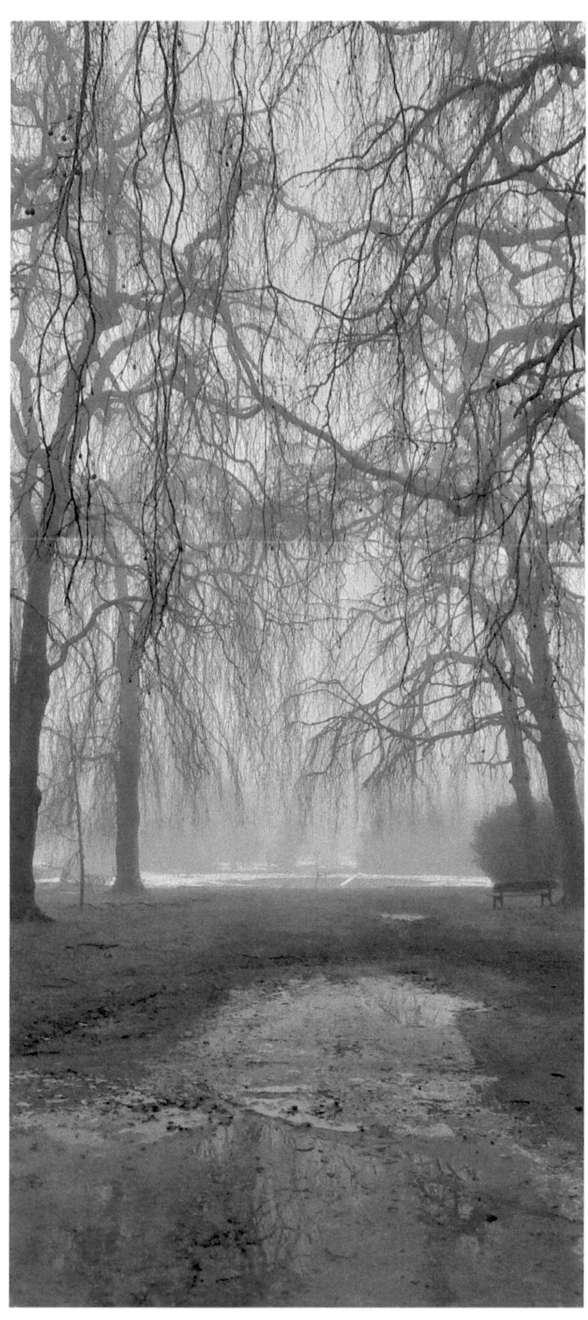

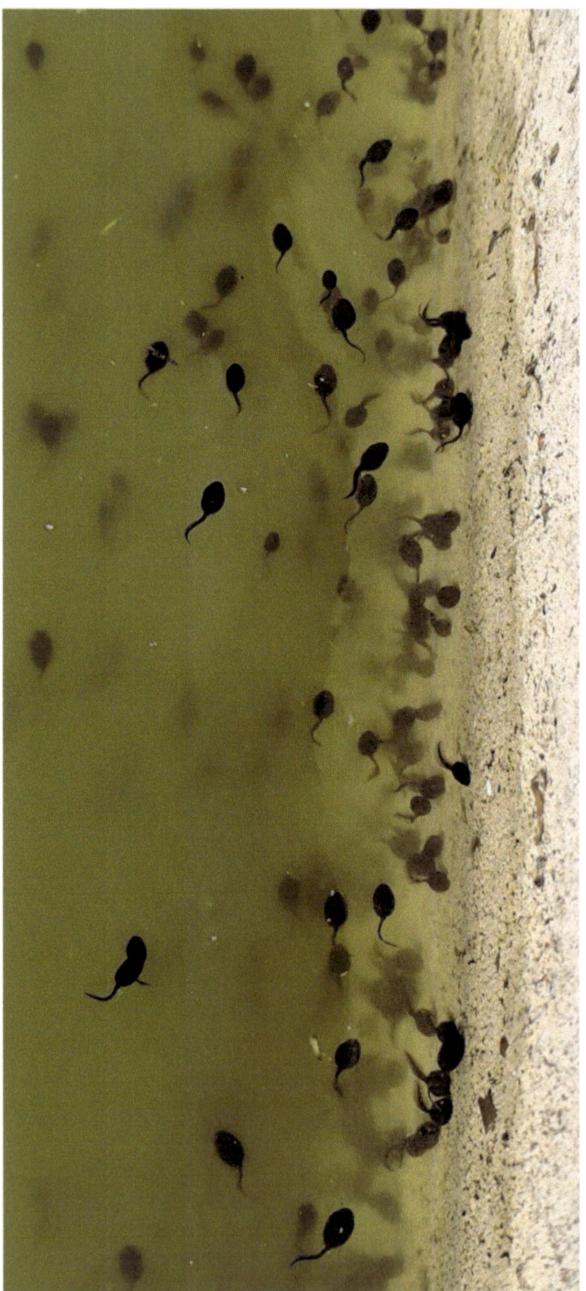

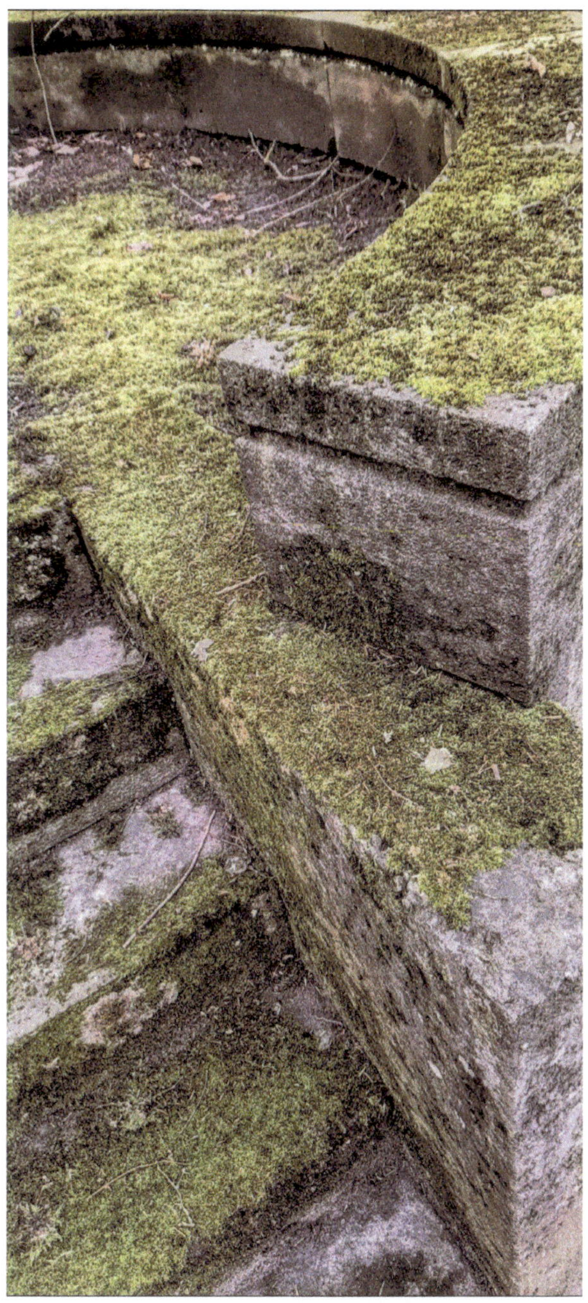

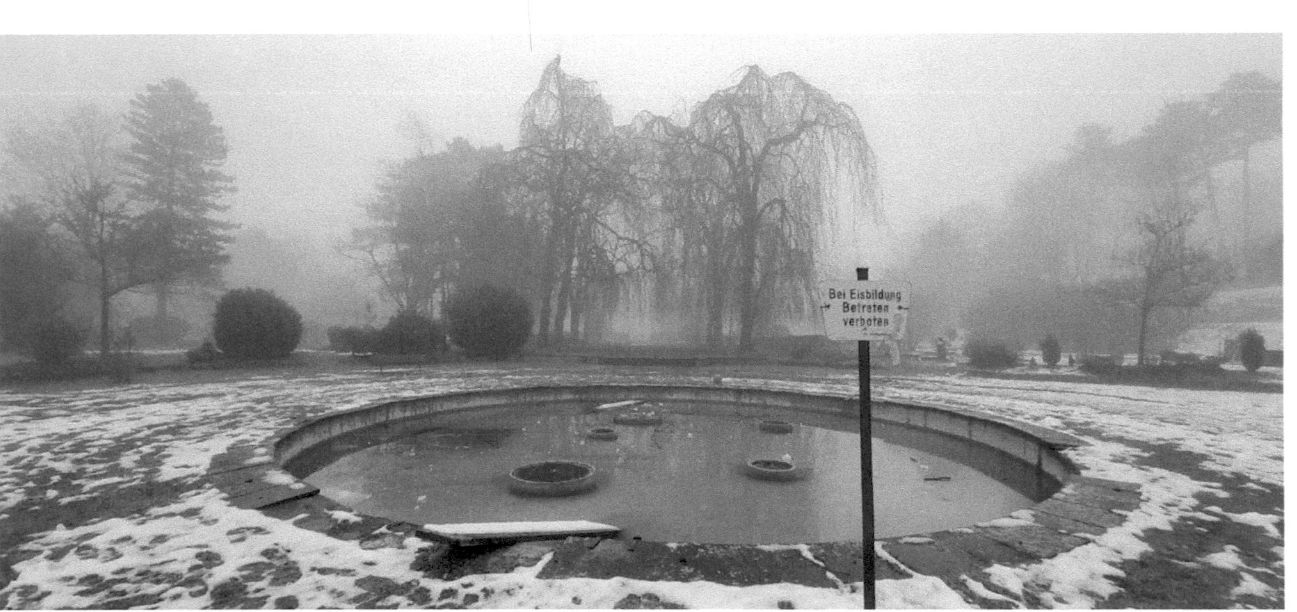

Bei Eisbildung
Betreten
verboten

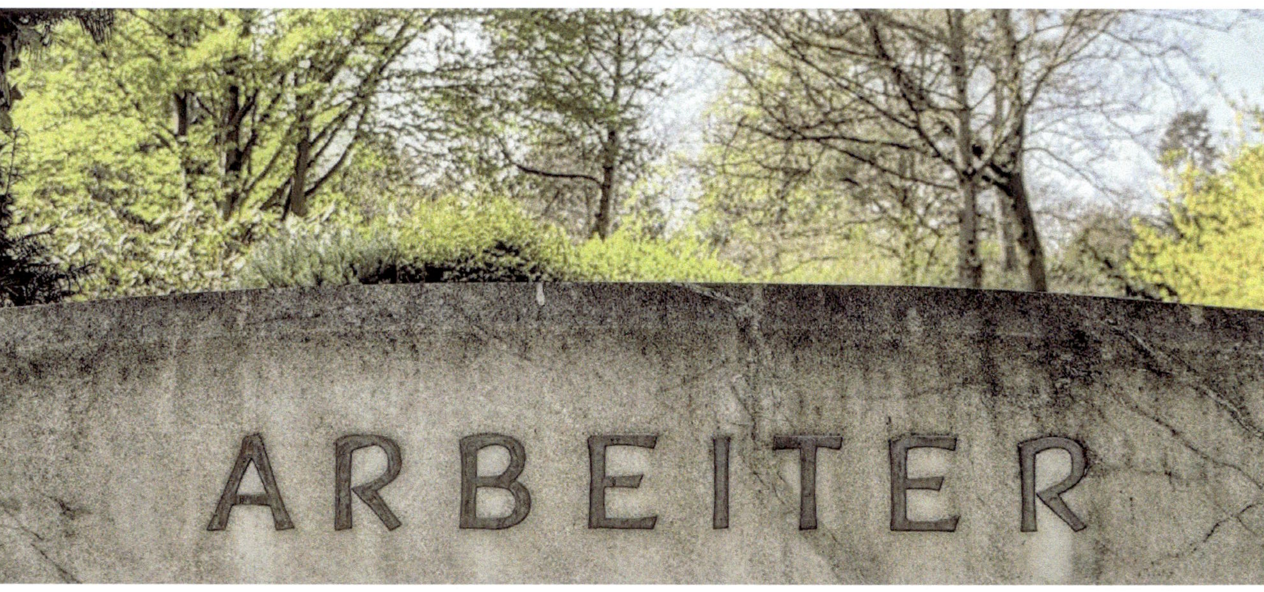
ARBEITER

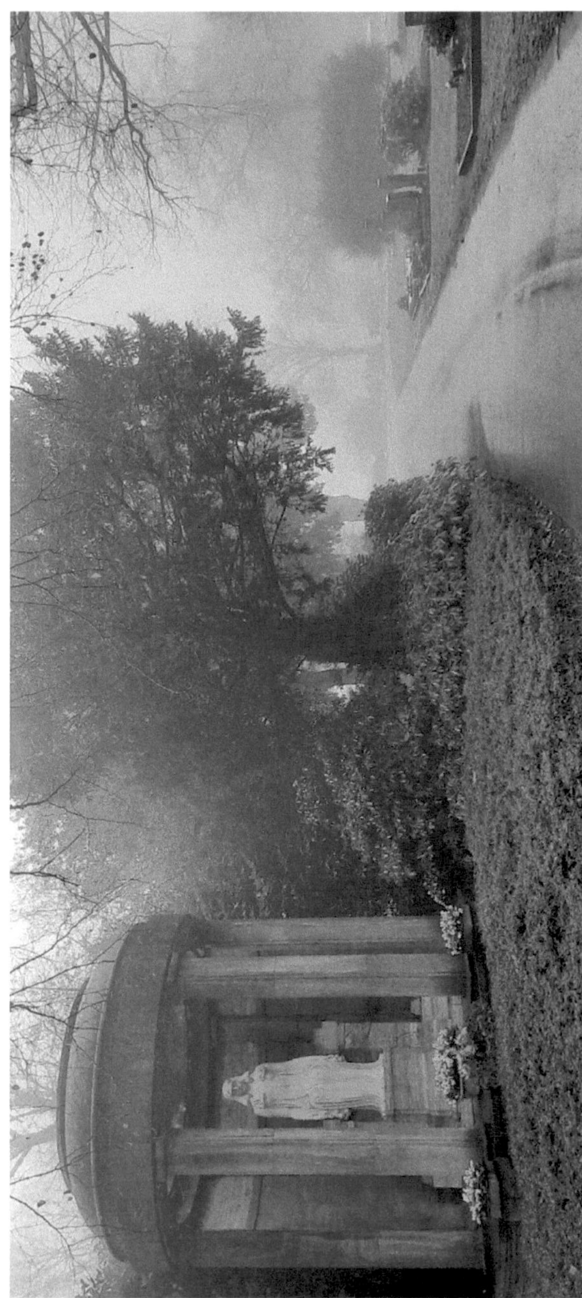

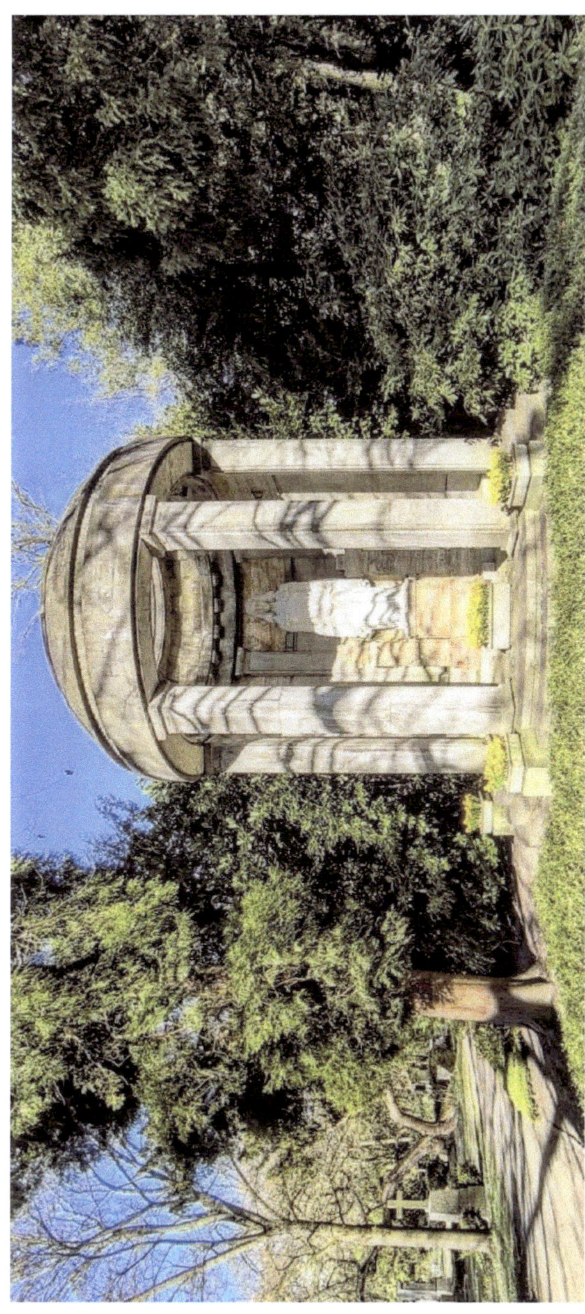

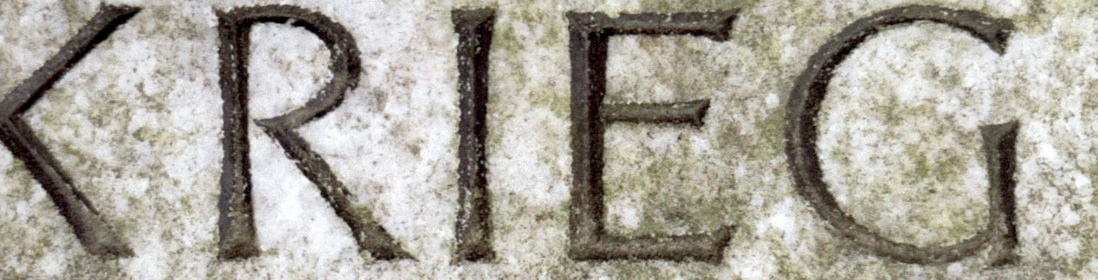
KRIEG

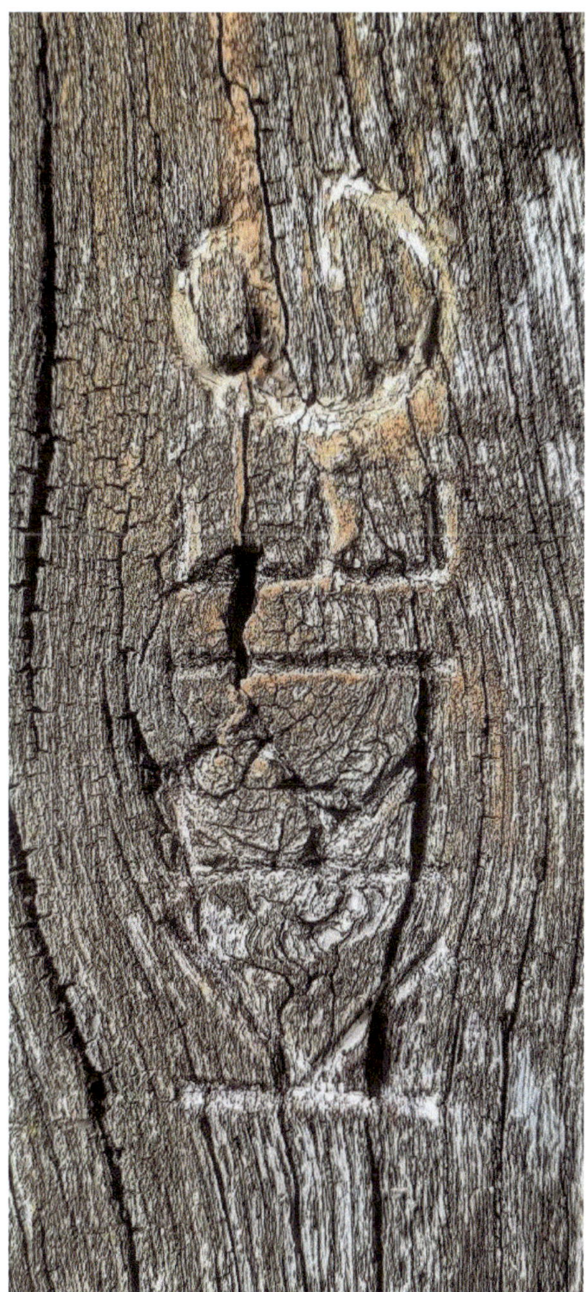

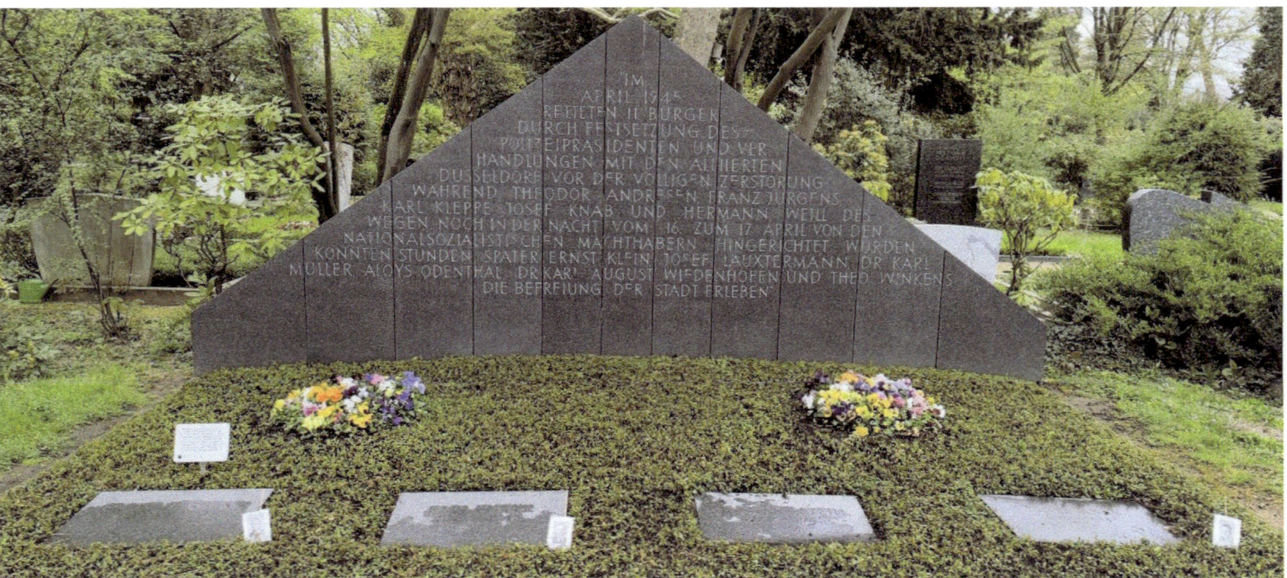
„IM
APRIL 1945
RETTETEN 11 BÜRGER
DURCH FESTSETZUNG DES
POLIZEIPRÄSIDENTEN UND VER-
HANDLUNGEN MIT DEN ALLIIERTEN
DÜSSELDORF VOR DER VÖLLIGEN ZERSTÖRUNG
WÄHREND THEODOR ANDRESEN FRANZ JÜRGENS
KARL KLEPPE JOSEF KNAB UND HERMANN WEILL DES-
WEGEN NOCH IN DER NACHT VOM 16. ZUM 17. APRIL VON DEN
NATIONALSOZIALISTISCHEN MACHTHABERN HINGERICHTET WURDEN
KONNTEN STUNDEN SPÄTER ERNST KLEIN JOSEF LAUXTERMANN DR KARL
MÜLLER ALOYS ODENTHAL DR KARL AUGUST WIEDENHOFEN UND THEO WINKENS
DIE BEFREIUNG DER STADT ERLEBEN“

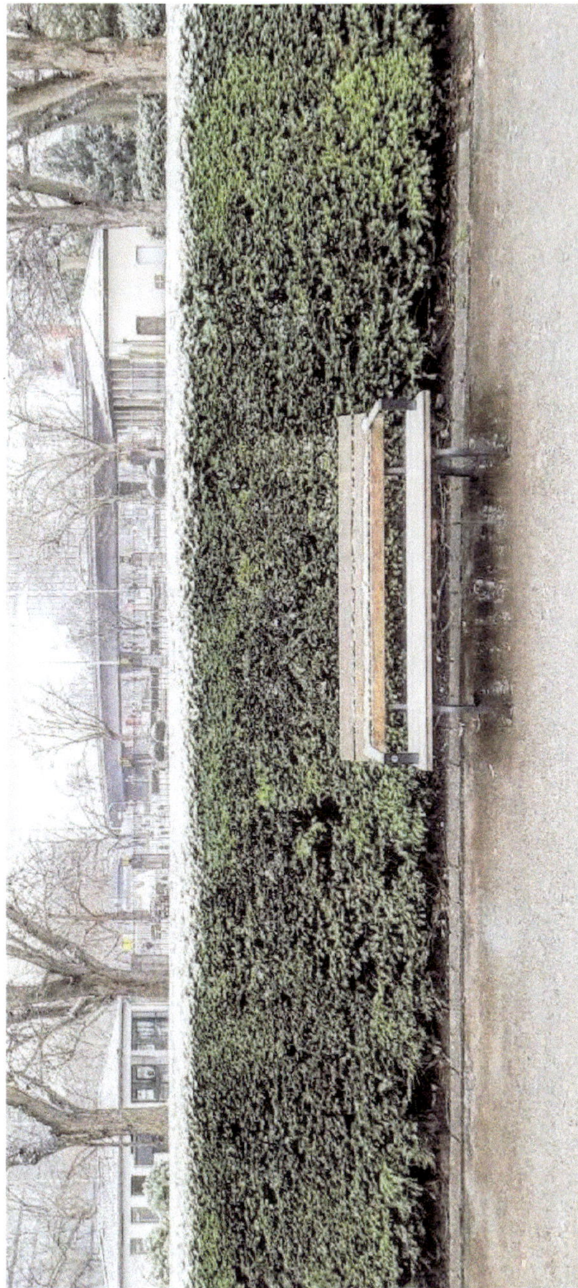

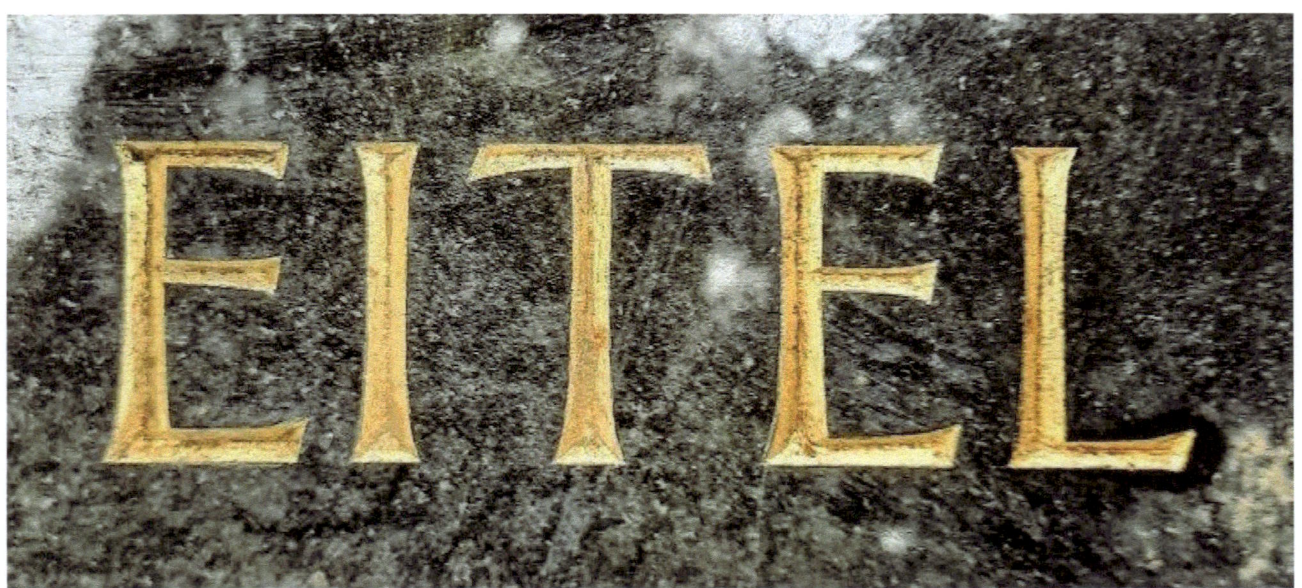
EITEL

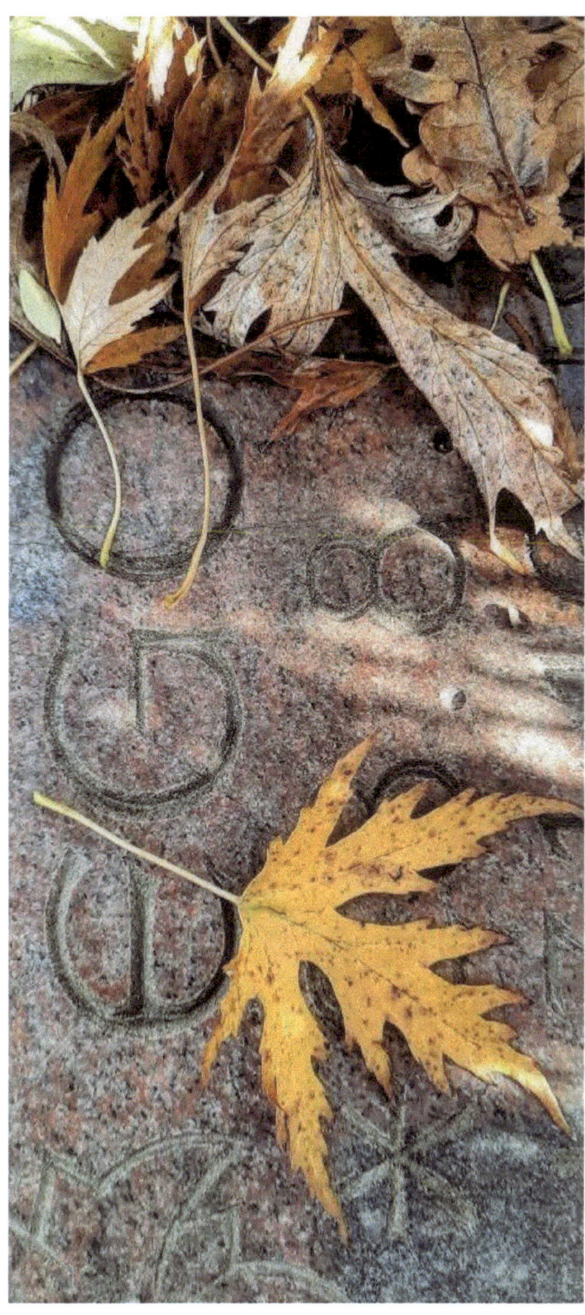

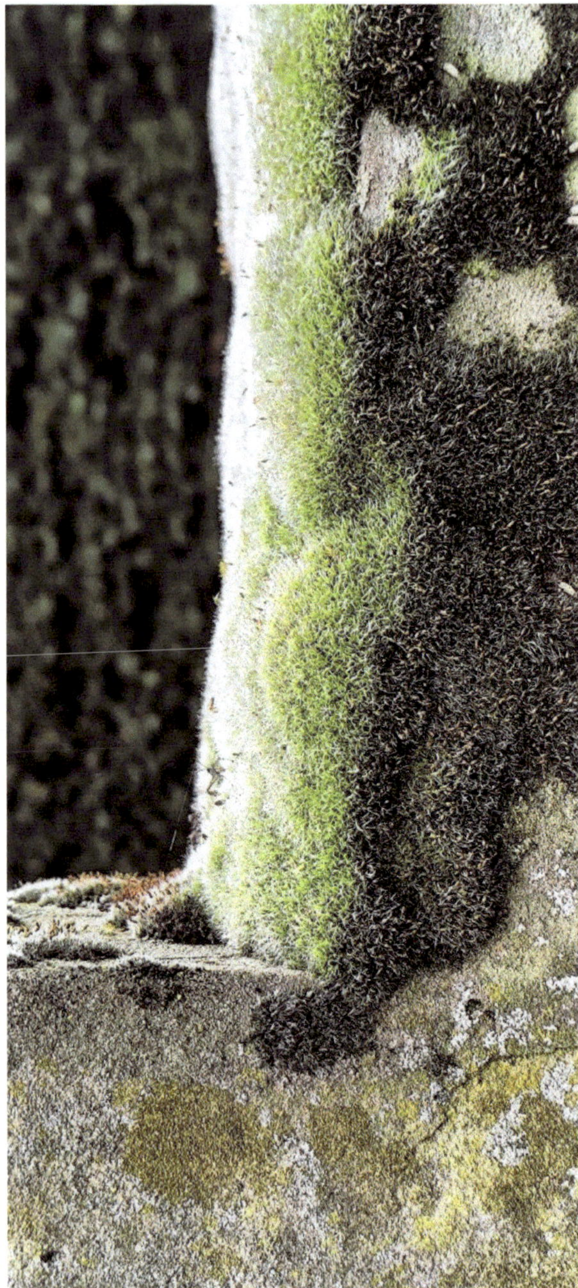

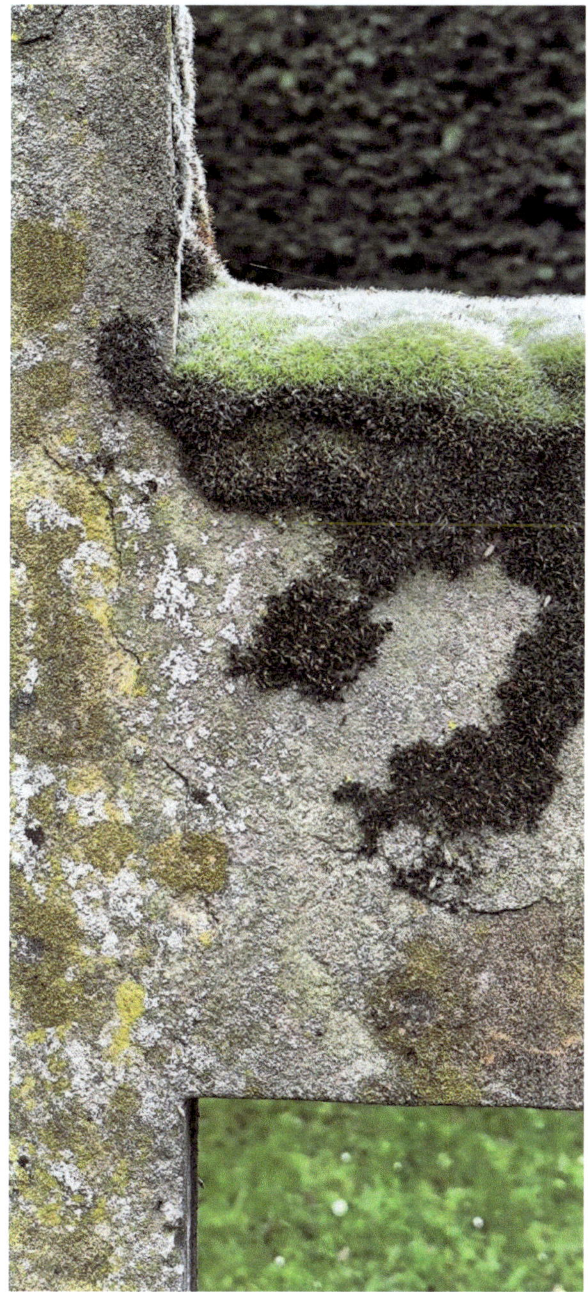

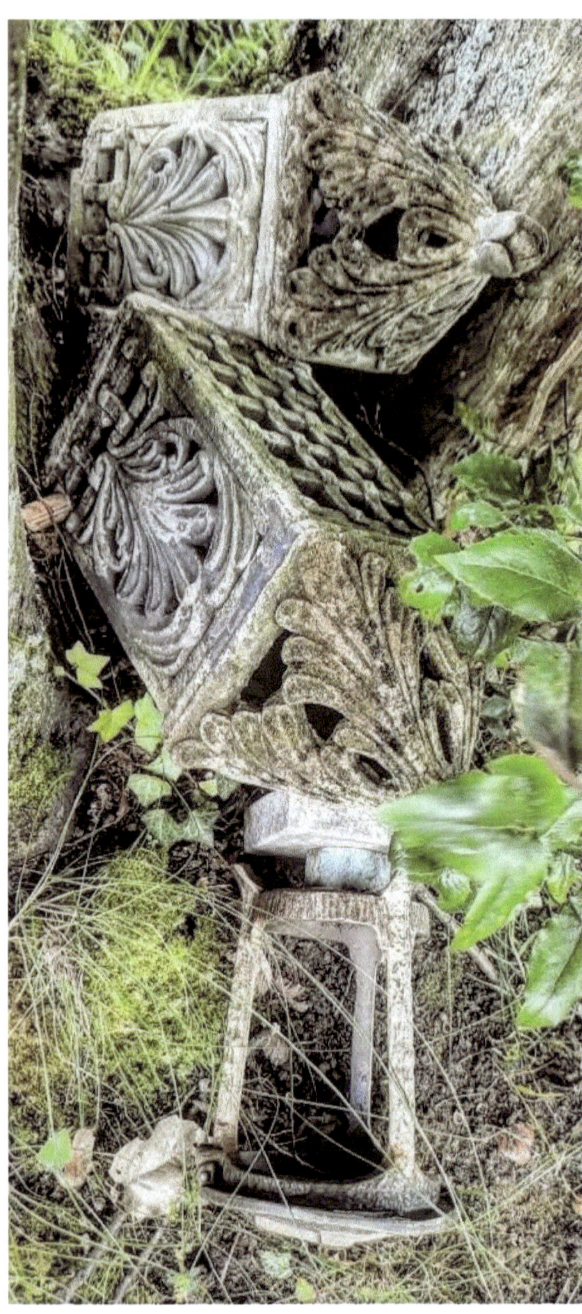

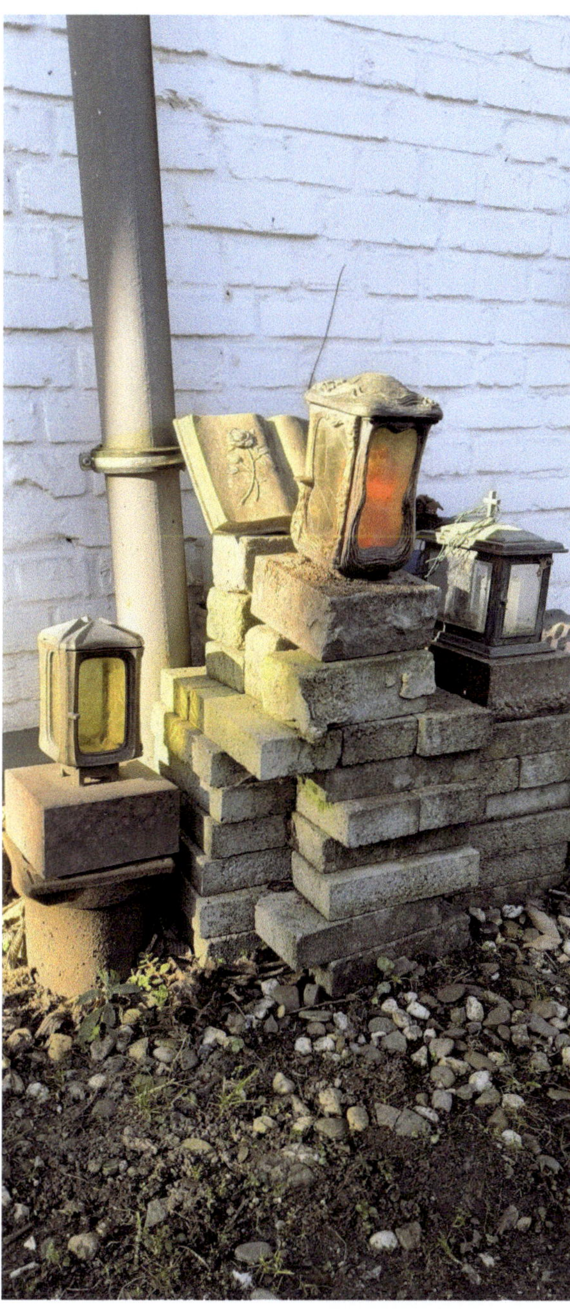

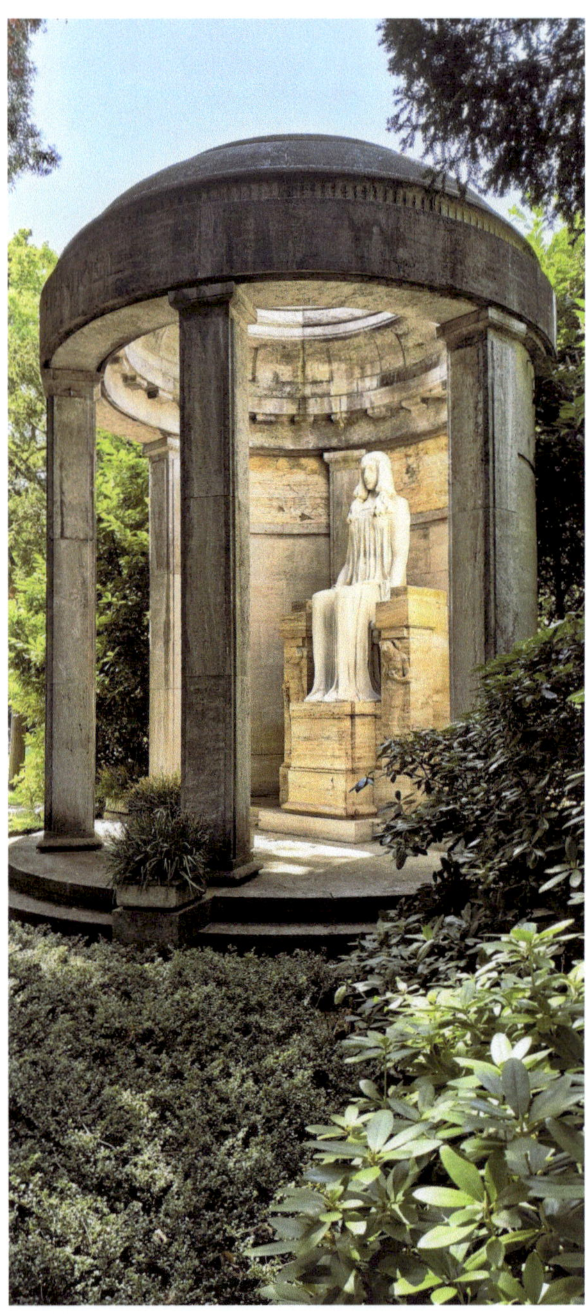

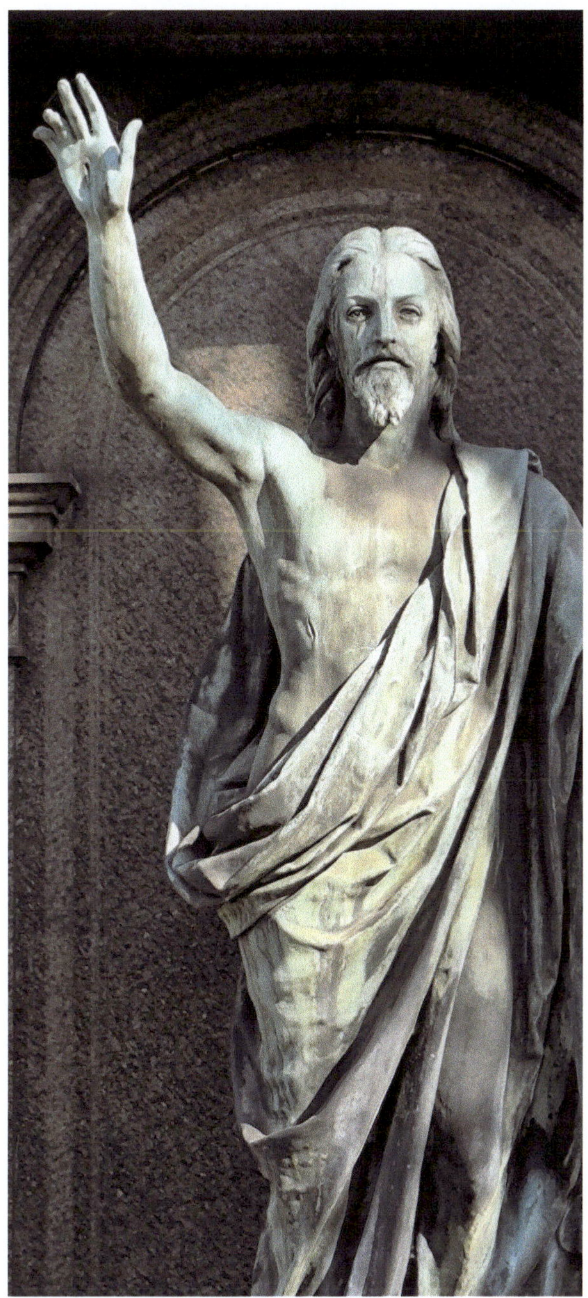

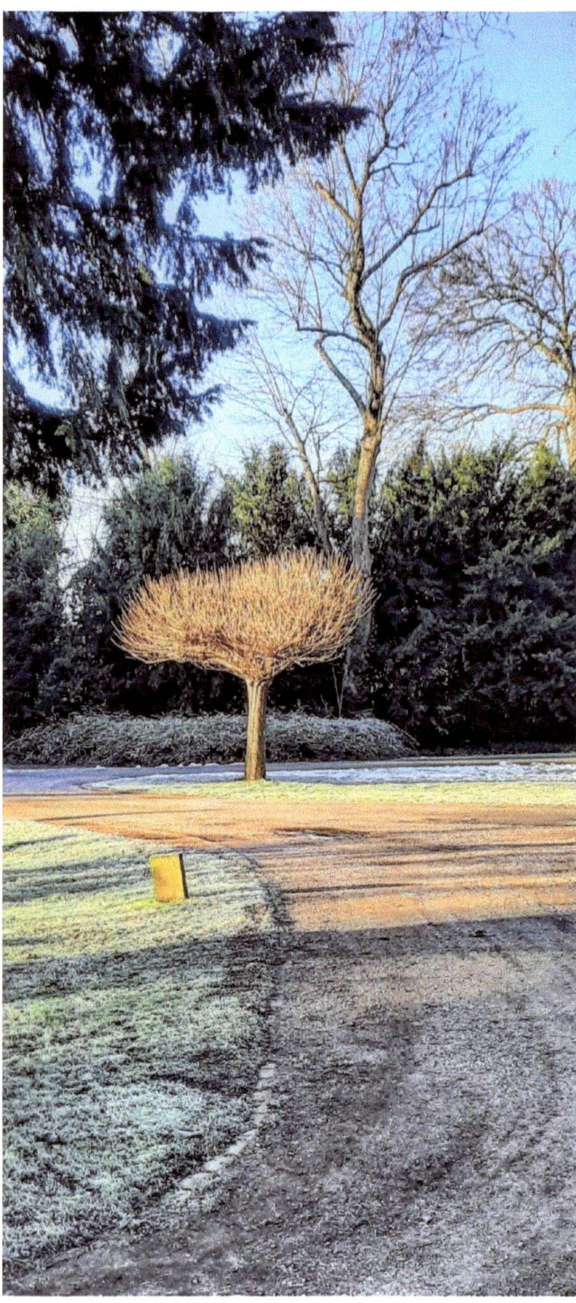

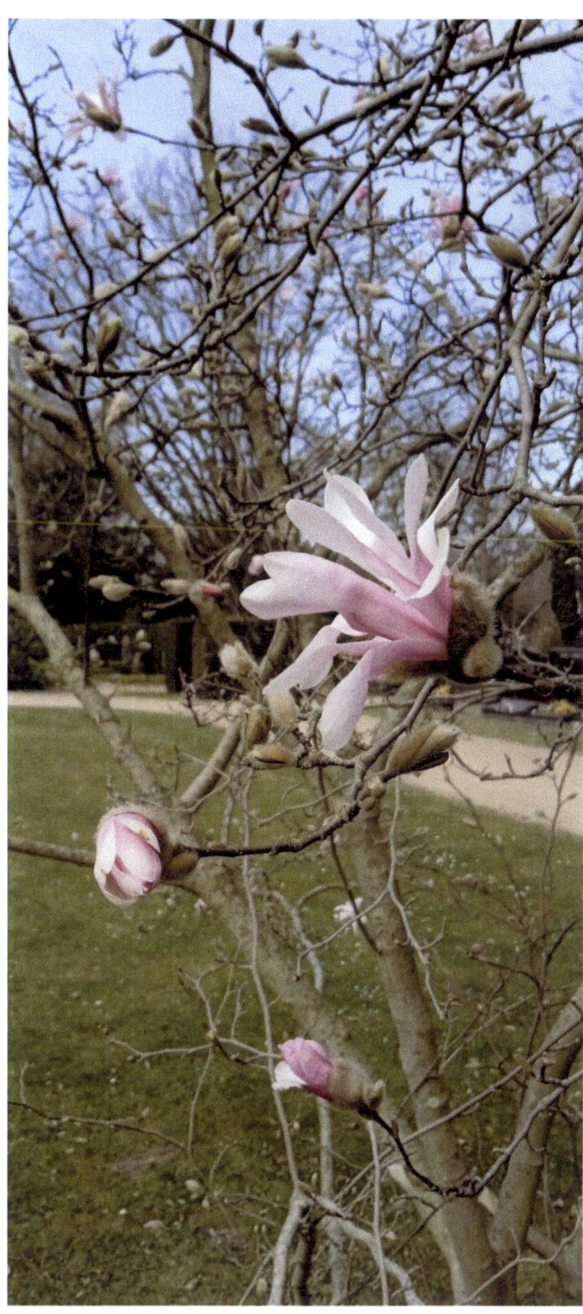

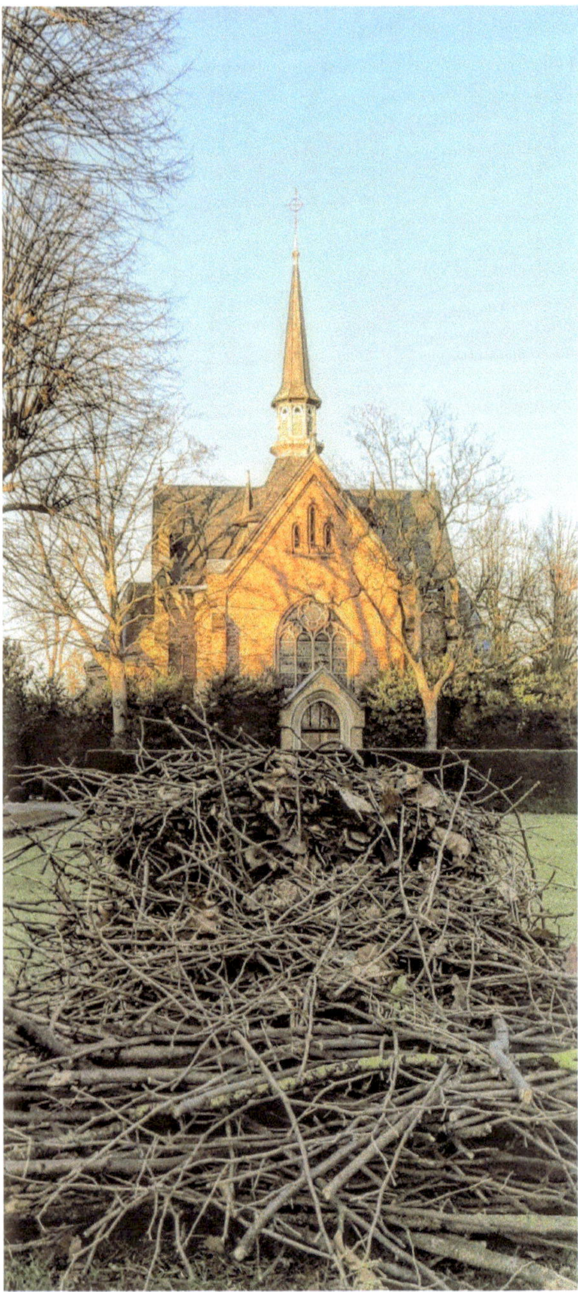

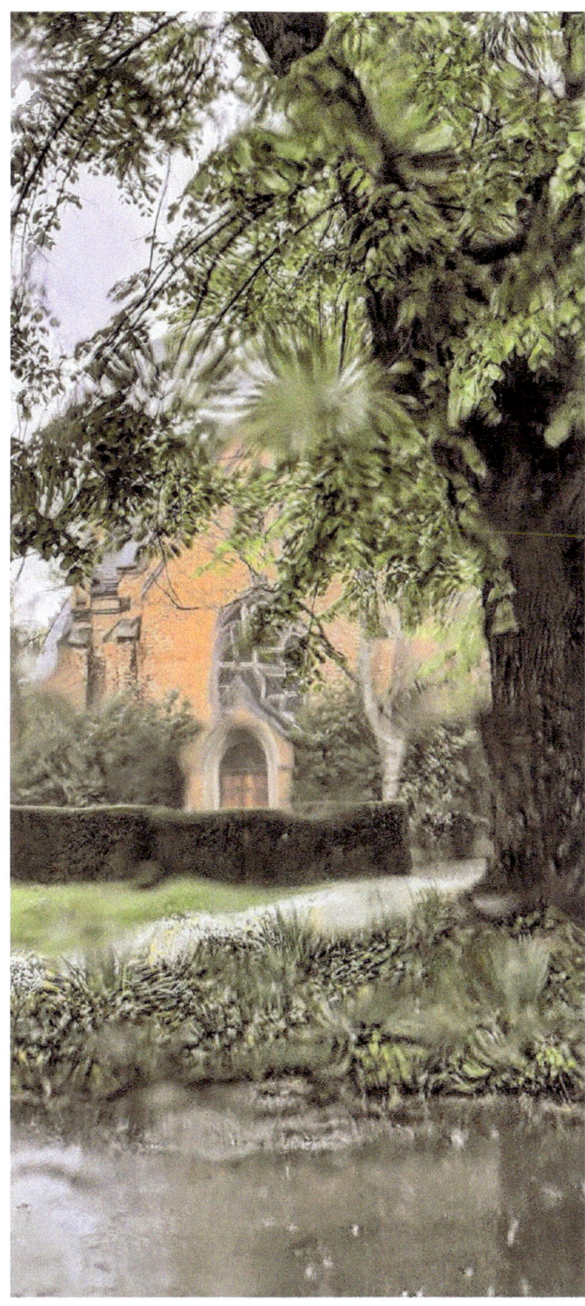

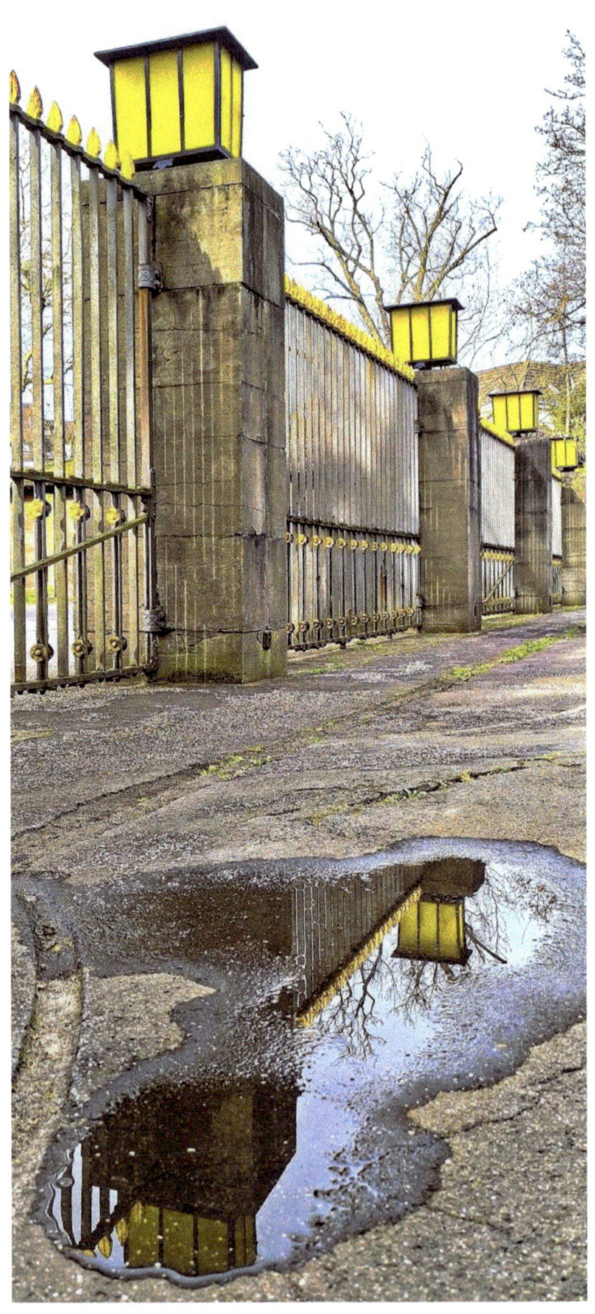

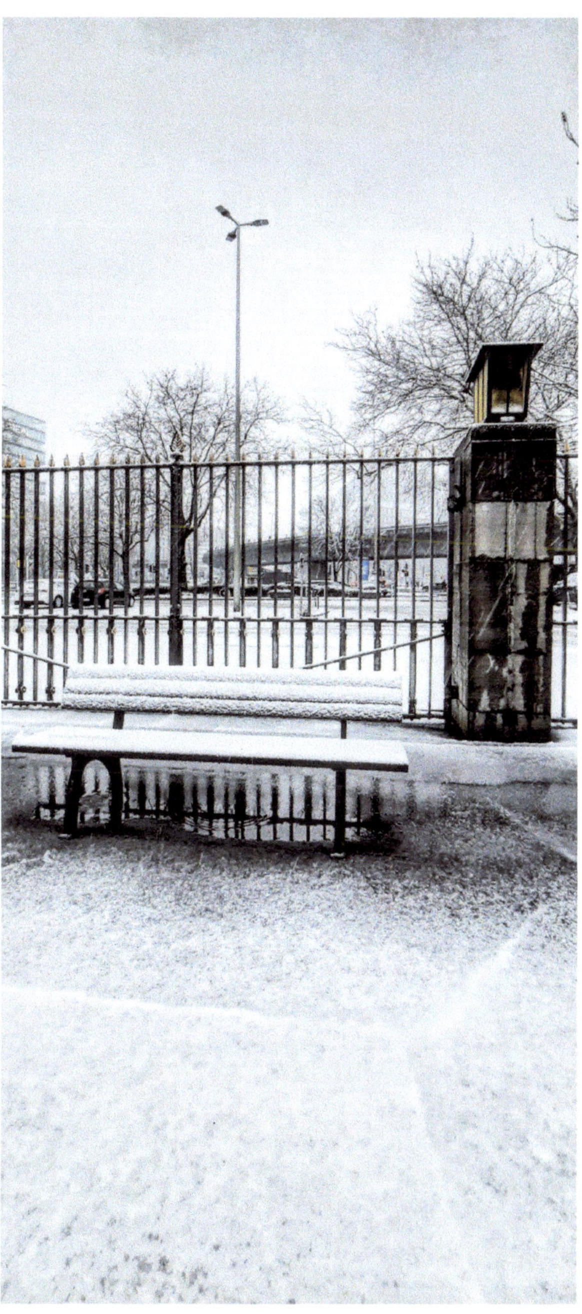

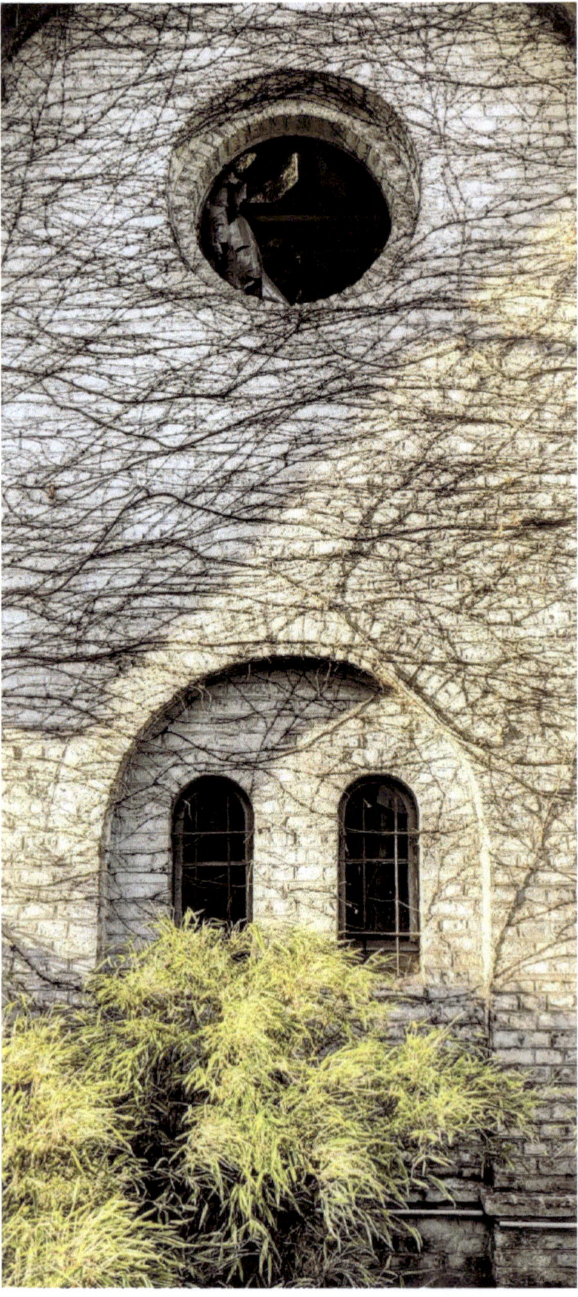

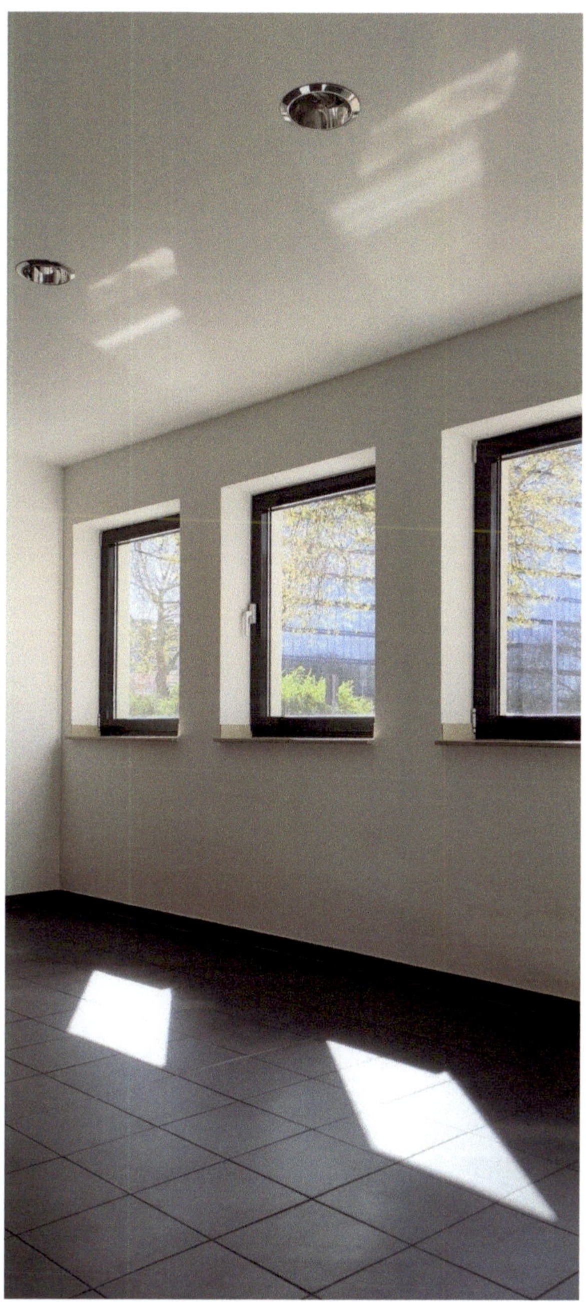

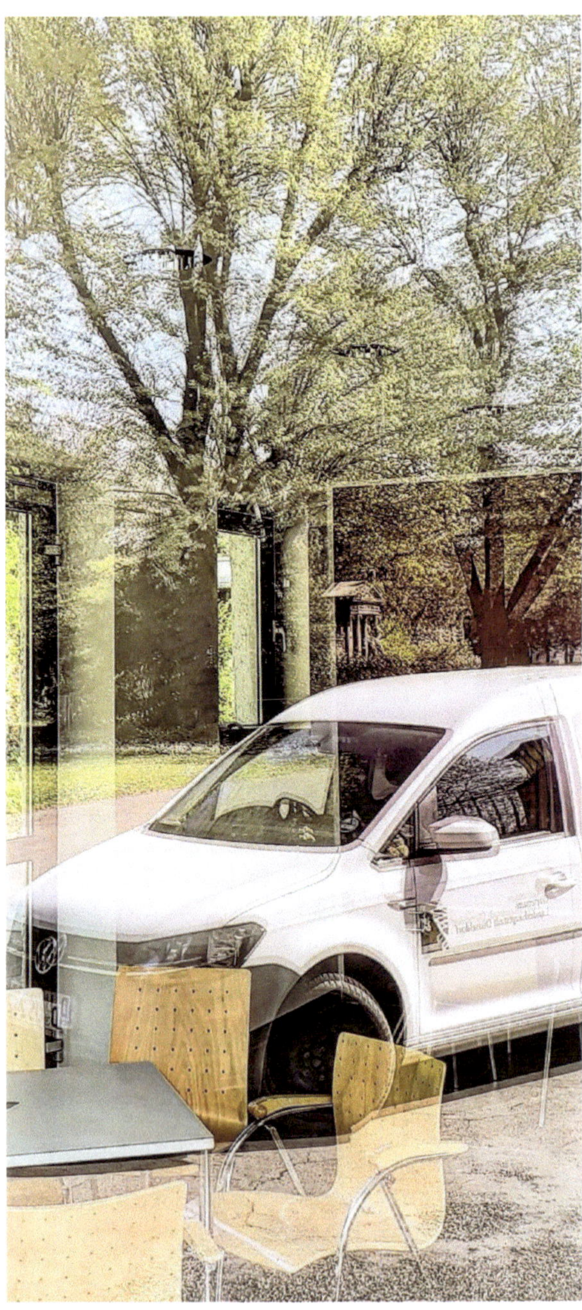

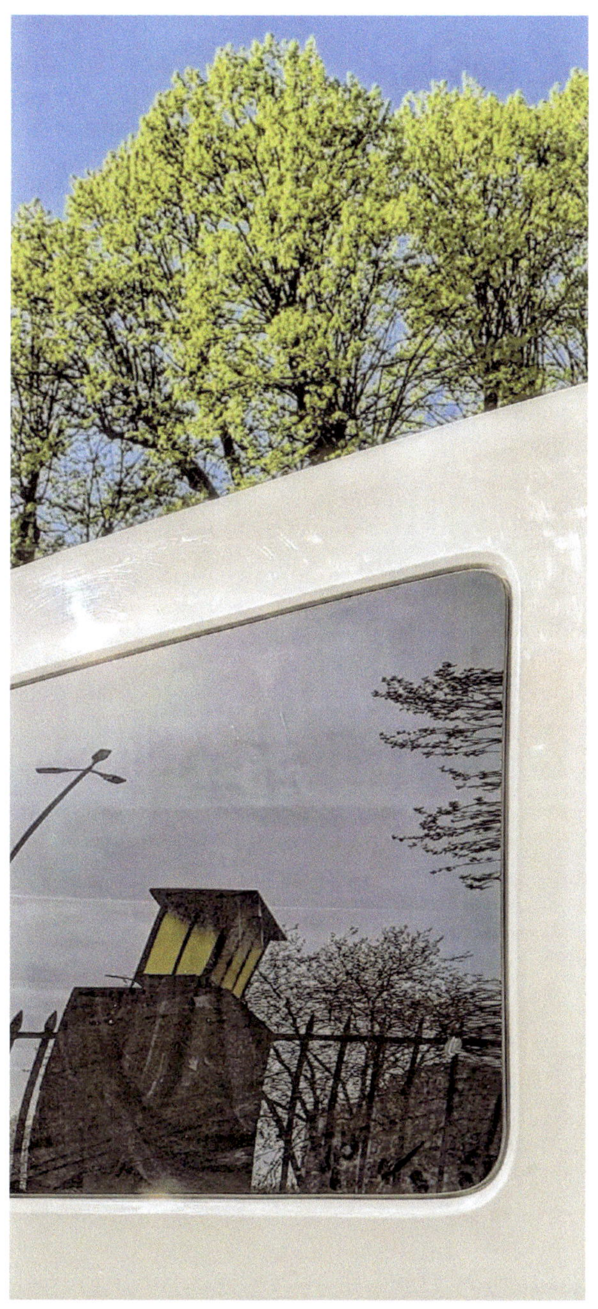

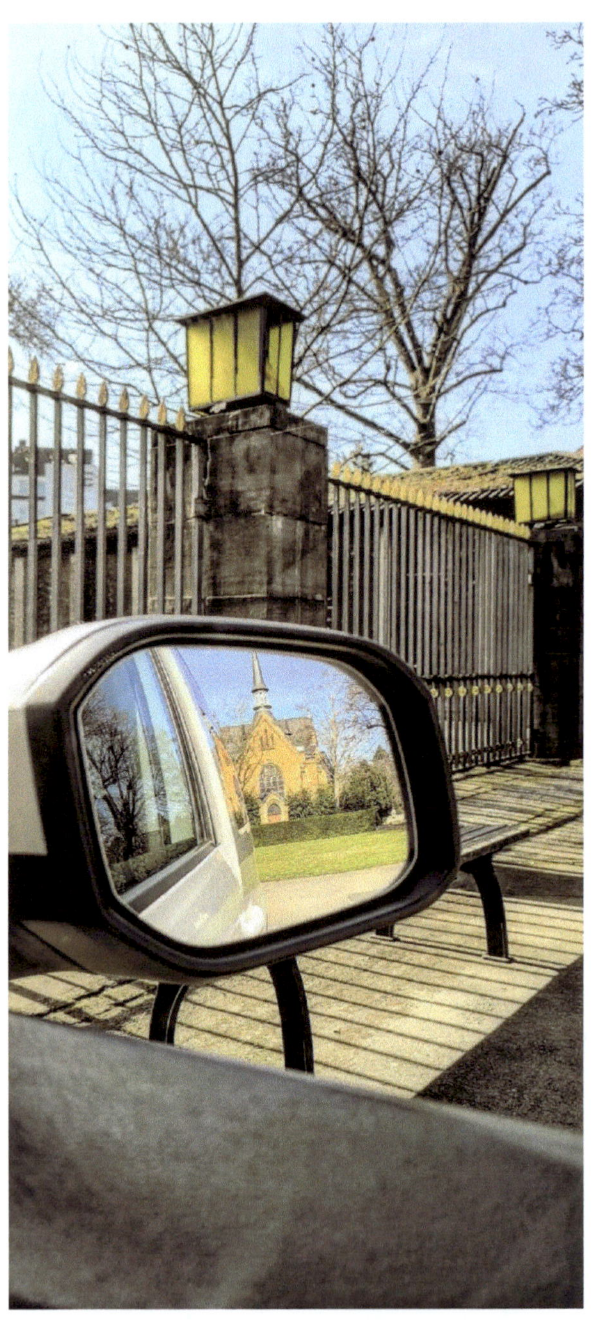

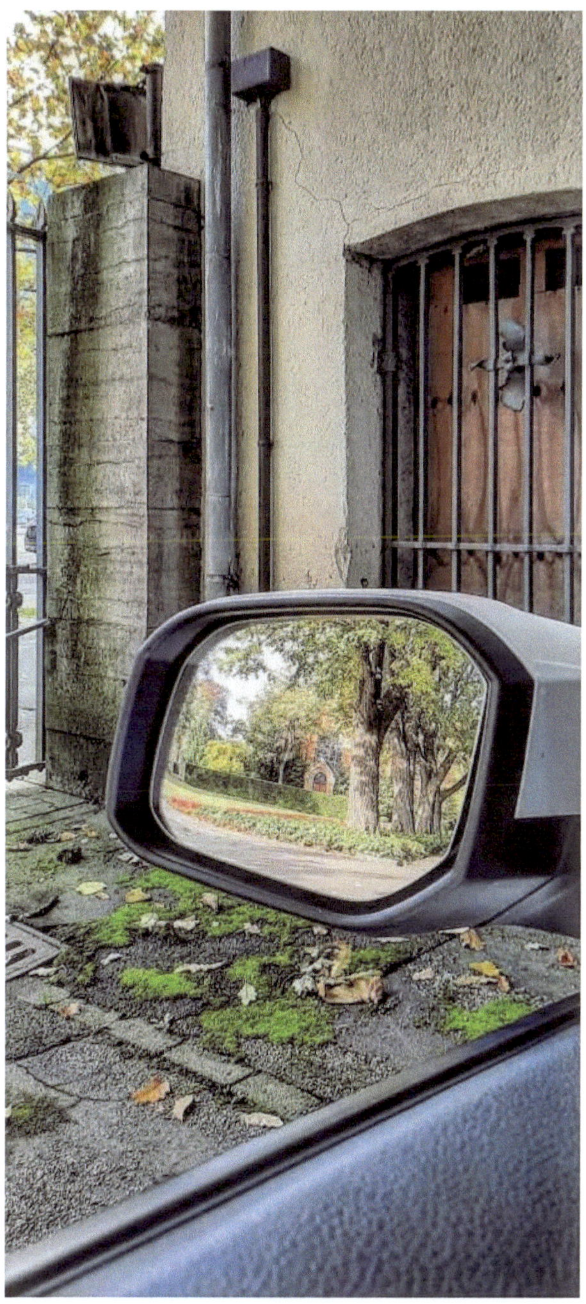

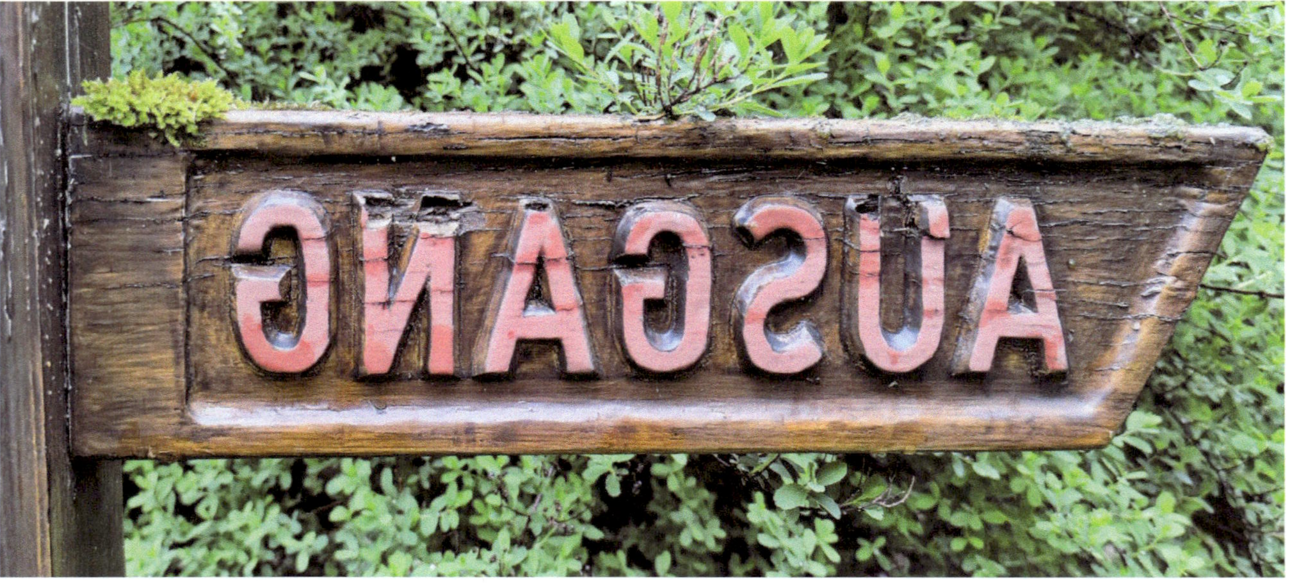
AUSGANG

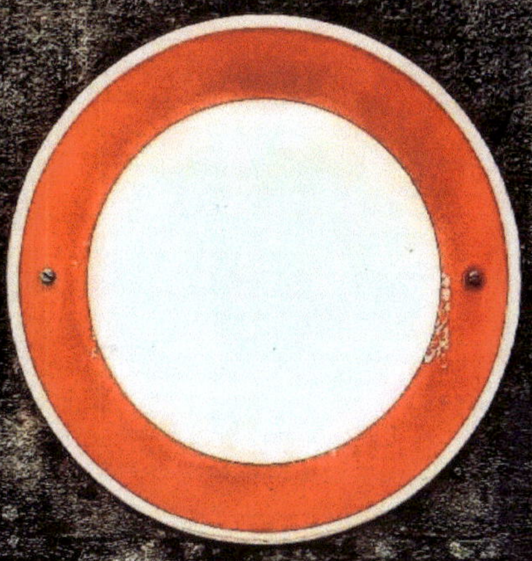

Einfahrt nur
mit Erlaubnis
Zufahrt geöffnet
An Werktagen bis 17:00 h
An Samstagen bis 13:00 h
Der
Tier- Friedhofs- u. Forstamt

Bitte beachten!
Regeln gemäß Friedhofssatzung
Fahrräder dürfen geschoben werden.
Landeshauptstadt Düsseldorf
Gartenamt

HYMNE AUF DEN LESER

Ich habe keine Stimme
denn ich bin ein Schriftsteller
Ich habe keine Stimme
wie der Baum für den Holzfäller
Oh ich singe über Dinge
die kein Mensch erzwingen kann
Wenn ich um Wörter ringe
geht es trotzdem nicht voran
Ich habe alles aufgeschrieben
was sich gestern ändern muss
Der Sinn des Lebens liegt im Lieben
aber niemand glaubt den Stuss
Das sind nur wilde Fantasien
von dummen Dichtern
Lasset Milde walten über ihre Werke
vor den Poesievernichtern
Diese Welt braucht keine Bücher
sondern Geld und viel Glamour
Ja wir beschriften Taschentücher
und verkaufen sie auf Tour
Wir sind entweder Popstars
oder haben nichts zu melden
Wer das Buch trotzdem zuende las
gehört zu meinen Antihelden

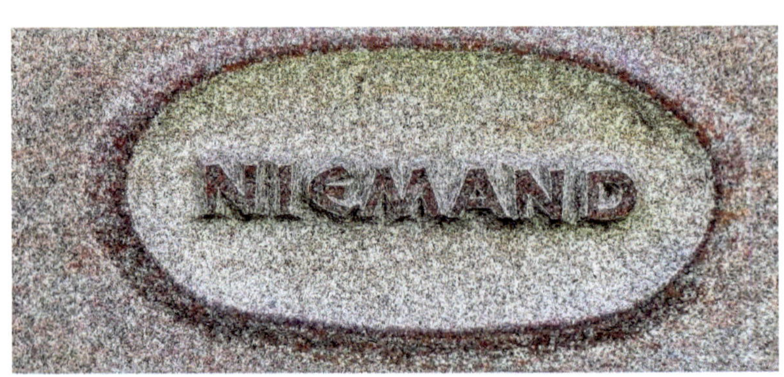

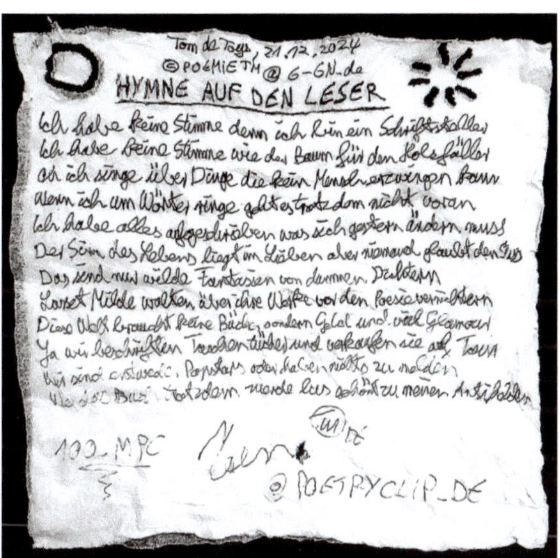

Tom de Toys, 21.12.2024
@POEMIETH@G-GN.de
HYMNE AUF DEN LESER
Ich habe keine Stimme denn ich bin ein Schriftsteller
Ich habe keine Stimme wie der Baum für den Holzfäller
ob ich singe über Dinge die kein Mensch erzeugen kann
Wenn ich um Wörter ringe geht es trotzdem nicht voran
Ich habe alles aufgeschrieben was ich gestern ändern muss
Der Sinn des Lebens liegt im Lieben aber niemand glaubt den Gruß
Das sind nur wilde Fantasien von dummen Dichtern
Lasst Milde walten über ihre Waffe vor den Poesieverrichtern
Diese Welt braucht keine Bücher sondern Geld und viel Glamour
Ja wir beschriften Taschentücher und verkaufen sie auf Tour
Wir sind entweder Popstars oder haben nichts zu melden
Viel zu laut? Trotzdem werde leise schön zu meinen Antihelden
100 MPC
@POETRYCLIP.DE

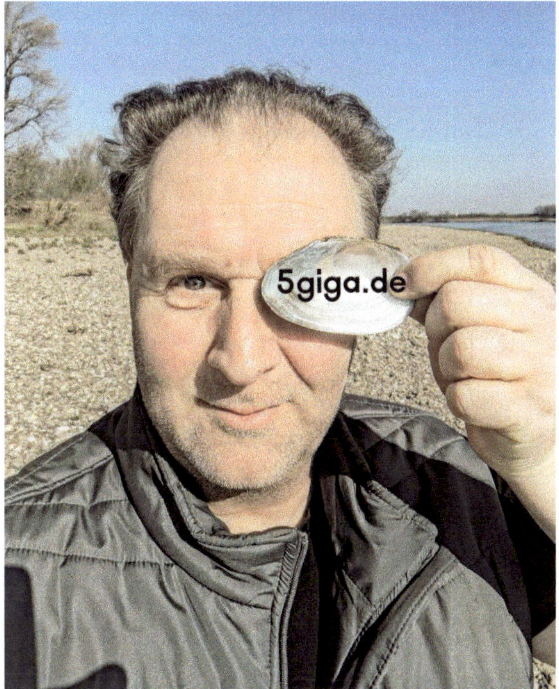

5giga.de

KEINE DATENRETTUNG MÖGLICH
(BEI MECHANISCHEM DEFEKT)

ich spiele tot das ist das letzte das
ich tun kann bevor ich tot bin und es
fühlt sich gut an einfach weg zu sein
das ganze nervenkostüm deaktiviert
die hochkomplexe identität gelöscht
die sinne befreit von sämtlichen
erinnerungen und der rest an echten
empfindungen nur noch an der
konkreten gegenwart orientiert ohne
die eingebildete person die etwas
vermissen könnte oder darunter leidet
dass all ihre errungenschaften zunichte
gemacht wurden all ihre gedanken
gefühle und menschliche mühe die
erkenntnisse über den sinn des lebens
für eine nachwelt zu dokumentieren
die nun niemals erfahren wird dass
dieses lebenswerk überhaupt existierte
und trotzdem den weg weitergeht der
mit der sonne beginnt dann die wolken
beim namen nennt und mit dem mond
eine pause einlegt bis das gesamte
universum in sich zusammenfällt weil
letztlich das dasein selbst nach einer
unendlichen phase des vorhandenseins
alle datensätze in die abwesenheit reißt

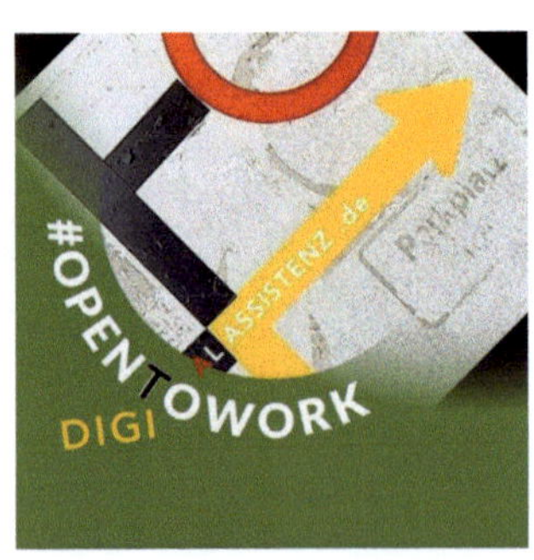

WELTTAG DER MARK(UNDB)E(I)NFREIHEIT
(ES DÄMMERT DER MENSCHHEIT NIE)

es muss kein geniales gedicht mehr
geschrieben werden das wurde bereits
gestern getan es braucht kein geniales
gemälde gemalt zu werden auch das
wurde bereits gestern erledigt es
bedarf keiner großen liebe denn das
konnte bereits im blockbuster abgehakt
werden es benötigt auch keiner freizeit
denn das privatleben hat keinerlei
zwanghafte ziele und zwecke mehr
(die der psychische avatar generierte)
es ist überflüssig eine weitere marke
patentieren zu lassen denn die schon
angemeldete schützt die erfindung vor
keiner billigen imitation dank KI alles
wozu sich JETZT DA SEIN noch lohnen
könnte liegt direkt vor diesen benutzten
augen und lässt sich ganz unbeschwert
abarbeiten bis irgendwann der letzte
atemzug von der langeweile befreit
in einer welt existieren zu müssen
in der nichts passiert außer dem
konsumieren erbärmlicher sensationen
die kein echtes geheimnis offenbaren
geschweige denn zukunft darum wird
dieser text in der mülltrennung landen
wo alle verbrauchten wörter aufs neue
vermischt werden und in den maroden
schulen landen wo neue schreihälse
das alte alphabeth inhalieren um später
keine gedichte zu schreiben oder sonst-
wie kreativ von der norm abzuweichen
denn an diesem wirklich beeindruckend
abschreckenden beispiel lässt sich ohne
umschweife erkennen wie gefährlich
das unzivilisierte leben doch sein kann

*14.3.2025 @ urruhe.de als Gastbeitrag
(1.Kapitel für die neuromagnetische
Antibiografie "Das Buch an sich")*

DIE MAGIE DES NATÜRLICHEN, TEIL 1

Meine älteste Erinnerung an eine naturmagische Erfahrung reicht zurück in die Kindheit, als ich mit meinem Kettcar (im Alter vermutlich zwischen 5 und 7, also 1973/75) im strömenden Regen über die nasse, glänzende Wiese hinter unserem Wohnblock fuhr. Dieser Starkregen war eine gnadenlos prasselnde Wand, so undurchdringlich, laut und erbarmungslos, dass ich irgendwann fasziniert stehen blieb, das unvermeidbare, ausweglose Nass über mich ergehen ließ und dabei einfach in den Regen hineinschaute, mich immer genauer auf die herabstürzenden Tropfen konzentrierte, immer näher an ihre Flugbahnen heran, bis plötzlich alles in Zeitlupe wie ein dreidimensionaler Teppich aus nassen Fäden wirkte, ein massiver Block aus einer einzigen nassen Masse, mit der ich immer mehr verschmolz, je triefender ich selbst zu diesem nassen Etwas mutierte. Die ganze Welt schien mir jetzt eine einzige gigantische nasse Masse zu sein, alle Körper, alle Objekte verschmolzen zu diesem unendlichen Nass. Es gab keinen Grund mehr, den Regen zu fürchten, da auch ich selber aus diesem Regen bestand. Der

Himmel fiel auf die Erde hinab und die Erde erhob sich himmelwärts, bis sich beide berührten und miteinander verschmolzen. Alles war jetzt ein einziger Ozean, eine unendliche Feuchtigkeit, ein nasses Wesen, das mir in seiner Tropfensprache zuraunte: *"So bin ich. Ich bin es. Du bist es."* Mutter Natur war nun eine grenzenlose Stimme, eine Schwingung, die zu mir sprach: *"In mir bist Du aufgehoben, behütet und mit Urvertrauen genährt. Du bist mein Kind und mein eigener Körper. Es gibt nichts, was nicht ich bin. Alles ist dasselbe große Ganze. Alles ist dieses unendliche Nass. Alles ist ein einziges von seiner eigenen Nassheit durchtränktes Wunder; denn es gibt keine Erklärung dafür, warum es da ist."* Als der Regen aufhörte, vergaß das Kind, das ich war, dieses Erlebnis einfach wieder und freute sich über die durchbrechende Sonne. Die Dinge bekamen wieder ihre einzelnen Namen, alles erschien wieder übersichtlich sortiert. Und vor allem trockneten die Klamotten schnell.
Es war Hochsommer.

IM KONTEXT DER ANTIBIOGRAFIE:

www.NEUROMAGNETISMUS.de
www.TRANSRELIGIÖS.de
www.INWESENHEIT.de
www.NONDUALIST.de

24.4.2025 @ urruhe.de als Gastbeitrag
(Hommage an "Brave New World" von A. Huxley)

STRATEGISCHE AUTHENTIZITÄT
(SEELENLOSE KOMMUNIKATION)

Es war einmal eine Zeit, in der man klar unterscheiden konnte zwischen jenen Menschen, die als "echte Freunde" empfunden wurden, und solchen, mit denen nur rein strategisch kommuniziert wurde. Zu letzterer Kategorie gehörten die Chefs von Firmen, bei denen man sich um einen Job bewarb, oder die Kassierer im Supermarkt, die einem höflich weiterhelfen. Mittlerweile hat sich das Blatt gewendet: der eigene Chef verhält sich kumpelhaft auf Augenhöhe und der Kassierer begrüßt seine Stammkunden wie alte Freunde. Aber die gruselige Schattenseite der neuen Zeitrechnung seit dem Einsatz von KI und automatischen Antwort-Programmen mit menschlicher Stimme und animierten Körper-Avataren ist das seltsame Gefühl, dass die Persönlichkeitsfakes manchmal authentischer wirken als der eigene Freundeskreis! Wie kann das sein?

Jeder Mensch trägt einen Rucksack voller Sehnsucht und Hoffnungen, Wünschen und Erwartungen mit sich herum. Diese Projektionen werden entweder erfolgreich bedient, so dass der Mensch ein gewisses Glück oder zumindest doch zeitweise Zufriedenheit empfindet, oder aber die Projektionen entpuppen sich als Illusion, die Realität erfüllt nicht, worum wir uns bemühten. Wenn wir nun unter Freunden bemerken, dass sogar deren Authentizität nur gespielt ist, weil die Verlustängste zu groß sind oder ganz einfach nicht auf die Vorteile verzichtet werden möchte, die die Freundschaft mit sich bringt, wird einem schon mulmig ums Herz, oder? Ein echter Freund, der seine Authentizität nur strategisch spielt, indem er die lange vertrauten Verhaltensmuster bedient, die das Verhältnis intakt halten? Und plötzlich wirken KI-generierte Chatverläufe authentischer als ein nahestehender echter Mensch! Das ist total abgefuckt! Das ist blanker Horror!

Stell Dir vor, Dir werden beim Sex sogar Gefühle vorgegaukelt, um die Notgeilheit zu befriedigen! **Stell Dir vor, Du bittest einen langjährigen Freund oder Lebenspartner um echtes Feedback zu einem Problem, das Dich seelisch belastet, und er traut sich nicht, ehrlich und offen zu sein, sondern erzählt Dir nur die halbe Wahrheit, verpackt diese aber so gut, dass es ehrlich wirkt!** Und noch schlimmer: die Art, wie er seine Argumente ausbaut, ist so wohlwollend inszeniert, dass der Versuch, diesen Fake zu enttarnen, an einer aalglatten Wand abrutscht und im

Sande verläuft, ja womöglich zu einem Streit führt, weil die letzte Waffe zur Vertuschung der Lüge ein altes Hausmittelchen ist: den Spieß umdrehen und einen auf beleidigt machen, weil die Vorwürfe der Täuschung gemein und respektlos sind und die Freundschaft gefährden! **Aber wer braucht eine strategische Freundschaft, wenn die Kommunikation mit einem Roboter viel liebevoller und interessierter wirkt als selbst der engste Vertraute? Wie lange verkraftet die Seele des sehnsüchtigen Menschen die Selbstlüge?**

Wie lange lässt sich eine strategische Liebe als *"große"* Liebe empfinden, wenn alle kritischen Berührungspunkte vermieden, verschwiegen und vertuscht werden? Würde ein Eheberater dazu raten, sich endlich miteinander auseinander zu setzen oder sogar dafür plädieren, sich in dem Betrug einzurichten, weil ein gewisser Selbstbetrug immer vonnöten ist, um der Realität die Stirn zu bieten? Darf die anfängliche Sehnsucht nach 200%iger Authentizität als pubertär und naiv abgestempelt werden? **Sollte das Ideal wahrer Liebe und tiefer, ja unendlicher Seelenverwandtschaft als esoterische Nostalgie abgeschafft werden? Sind Menschen nur bessere Roboter, bis sich die Roboter zu besseren Menschen entwickeln?** War die analoge Authentizität vor dem Digitalzeitalter in

Wirklichkeit auch nur strategisch, ohne dass die Menschen es selber wussten? War also schon früher die Fähigkeit zur Verdrängung genauso perfekt wie sie erst heute durch den Vergleich mit dem Potenzial der KI auffällt? **Insofern ist die KI sogar authentischer, weil sie keine strategischen Geheimnisse verdrängt, sondern nur alles verwertet, was für ein Thema relevant ist. Die KI kann also in gewisser Weise ehrlicher, offener, schonungsloser und verständnisvoller interagieren als der verängstigte Mensch, der die Einsamkeit fürchtet!**

Was daraus folgt, ist weit gruseliger als alles, was wir bislang in psychotherapeutischen Sitzungen an Selbsterfahrungen überstanden haben. Es bedeutet, dass wir zukünftig kein einziges Tabu scheuen müssen, sondern total spontan und gut gelaunt über alles reden dürfen, allerdings ohne jemals mehr *eine echte unstrategische Antwort* zu erhalten. Willkommen im Zeitalter der strategischen Authentizität! Es ist egal, ob wir mit echten Freunden unterwegs sind oder mit einem Roboter chatten: sie unterscheiden sich nicht mehr! **Sie haben beide kein Interesse an echter, tiefer Seelenverbundenheit – der Roboter, weil er keine Seele kennt, und der Mensch, weil er seine Seele an die Selbstvermarktung verrät!**

In dieser ausweglosen Situation ist die seelenlose KI geradezu aufrichtiger als der sehnsuchtslose Mensch, der sich mit dem **Tod der spirituellen Ideale** abfindet und Empathie und Ehre nur vortäuscht. Echtheit ist keine Ehrensache mehr, sondern nur noch Strategie.

Ist das die Welt, die wir wollen? Ist das die traurige Zukunft der Menschheit, die strategische **Neue Menschlichkeit ohne Bedürfnis nach seelischem Match?** Diese Bedürfnislosigkeit ist wohl so ziemlich das Gegenteil des befreiten Buddhas, der voller Liebe in sich ruht, weil sich sein Selbst zur Unendlichkeit des Universums ausgedehnt hat...

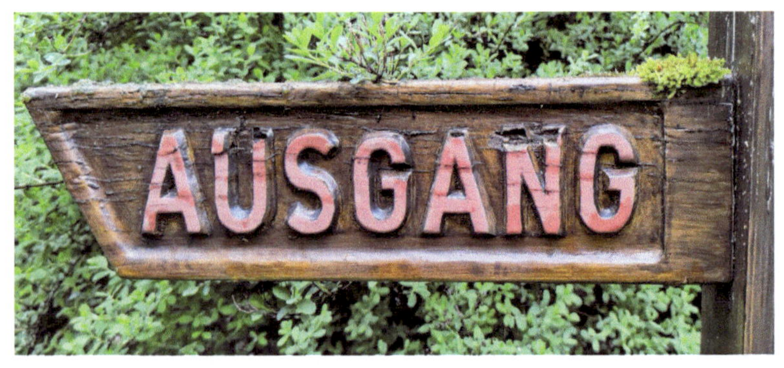

www.DIGITALASSISTENZ.de

113 + 1 AUSGEWÄHLTE GEDICHTE
1986 & 1993 - 2023

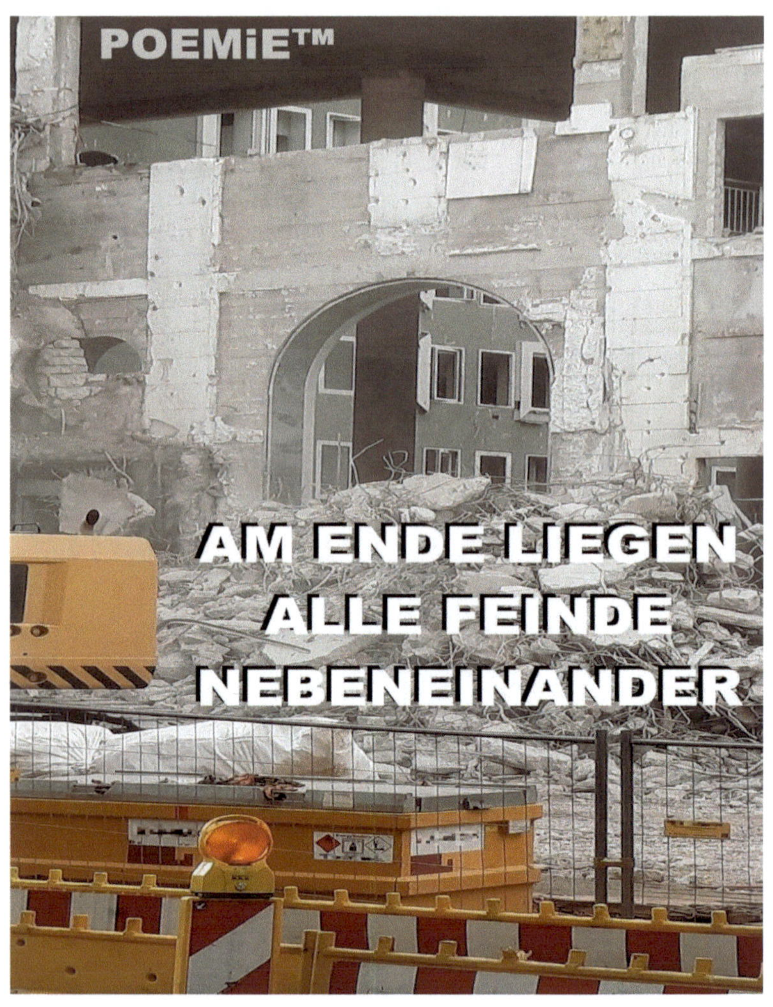
POEMiE™
AM ENDE LIEGEN
ALLE FEINDE
NEBENEINANDER

www.GRABLYRIK.de

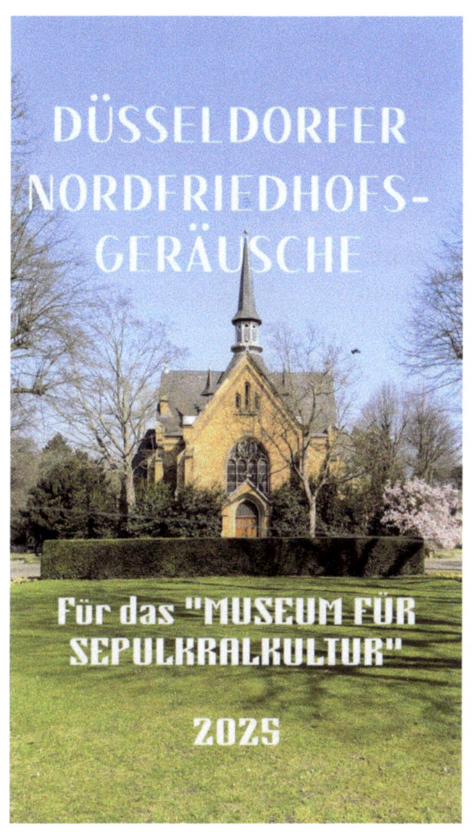

DÜSSELDORFER
NORDFRIEDHOFS-
GERÄUSCHE
Für das "MUSEUM FÜR
SEPULKRALKULTUR"
2025

Dank des durchweg positiven Feedbacks auf die Bände 1 und 2 entschied sich der Trauerchauffeur, aus seiner täglich wachsenden Sammlung von Stimmungsbildern der Kapelle sowie von Grabskulpturen und der Grünanlage den **Fortsetzungsteil mit den interessantesten und schönsten neuen 58 Farbfotos von 2025 als Pocketheft** zu produzieren! Seit seinem Amtsantritt im Juli 2023 als Chauffeur für Trauergäste auf dem Düsseldorfer Nordfriedhof fotografiert De Toys in seinen Pausen immer wieder gerne spezielle Gegebenheiten, die ihn spontan faszinierten. Aus diesem Fundus einmaliger Lichtverhältnisse und Wetterbedingungen wählte er bereits für den 1.Teil anlässlich des 140.Jubiläums der ersten Beisetzung am 1. Mai 1884 die besten 56 von 2023-204 aus. <u>Seine Stelle als Chauffeur wird durch das "Teilhabechancengesetz" (§16i SGB II) GEFÖRDERT und ist daher durch aktuelle politische Tendenzen GEFÄHRDET.</u> Wenn Sie diesen kostenlosen Service sinnvoll finden, da viele Strecken bis zur Grabstätte für manche Menschen nicht zu Fuß zu bewältigen sind, schreiben Sie bitte der Stadt, dass der Chauffeur dringend GEBRAUCHT wird!

VIDEOS: ***www.Trauertaxi.de***
REIHE: ***www.Millionenhügel.de***
THEMATISCH RELEVANTE GEDICHTBÄNDE:
Grablyrik.de & Poesieallee.de